El niño y el tiempo

José Antonio Lora Rubio

El niño y el tiempo

Sótano Ediciones

SÓTANO EDICIONES
Dirección literaria: Rafael Moya

SÓTANO EDICIONES
Director editorial: Rafael Moya

I.S.B.N.:978-84-127703-4-6

Depósito Legal: C01129-2024

Hecho e impreso en España —Made and printed in Spain

La poesía huye, a veces, de los libros para anidar extramuros,
en la calle, en el silencio, en los sueños, en la piel,
en los escombros, incluso en la basura.

Joaquín Sabina

PRÓLOGO

Cuando mi amigo José Antonio me ofreció escribir este prólogo, me desbordó la sola idea de presentar una obra de tal envergadura. Se necesitaría casi un ensayo para abordar la riqueza y cantidad de recursos que despliega, su personal y único estilo, la belleza que trasmina cada renglón, la historia en sí; porque, además de ser una obra poética, es un relato atemporal que se resuelve en un espacio y en un tiempo vivencial donde nos sentimos representados sin importar nuestro sexo, nuestras creencias o la generación a la que pertenezcamos.

José Antonio escribe desde la vida para la vida. Del ser humano, para el ser humano. Escribe desplegando un ojo de espejos en el que nos sentimos invocados a mirar, a mirarnos, a concedernos, de este modo, la existencia. Tomo prestadas sus palabras, en esa Declaración de intenciones, donde ya nos muestra el camino para iniciar juntos esta andadura: "Leer y escribir, tu soledad y la mía son soledades idénticas. Leer y escribir para ser y existir".

Nos conocimos en el instituto de Palma del Río, ese centro neurálgico de socialización de la chiquillería de la campiña cordobesa, allí donde íbamos los niños y niñas que pudimos estudiar.

En un principio, nuestro instituto no tenía nombre, nosotros, las primeras promociones fuimos construyendo su identidad en medio de una revolución de hormonas candentes, enarbolando una bandera recién nacida: el anhelo de libertad; libertad para expresar, para objetar, para "ser" diciendo "no", para defender un pensamiento crítico y relativizar las verdades impuestas, para desnudar el cuerpo y el deseo de oscuras culpas, ofreciéndonos como un triunfo al sol. Nosotros, que empezamos la vida rompiendo, éramos el sueño de una generación amordazada: la de nuestros padres y madres.

Para entender el enraizamiento profundo de esta obra, en la que, de algún modo, estamos todos conjurados, hay que mencionar ese momento histórico donde empieza a escribirse El niño y el tiempo. Fuimos dando identidad a nuestro instituto con el mismo ritmo con el que encontramos nuestra propia identidad, descubriendo a nuestros poetas, desvelando la historia, intentando entender el presente en larguísimas asambleas, en nocturnos debates interminables.

Era un chico tímido, silencioso, humilde, siempre huyó de los egos, lo que no le impedía participar, hablar, opinar.

En la portada de su libro, esos ojos infantiles se abren como un agujero de gusano que dobla el tiempo y el espacio y nos conduce a entender la perplejidad del mundo en la mirada de un niño, de un adolescente, de un hombre. Es la mirada de un ser humano que atesora la experiencia de una vida para ofrecerla y compartirla, dándole finalmente sentido al dolor, a la tristeza, a la desesperación, al amor y al tiempo efímero que deja estigmas para siempre.

Recuerdo el reconocimiento del tan emblemático profesor de literatura, Don Jesús Valencia, extasiado ante lo que era capaz de producir un niño de 12 ó 13 años; sus escritos ya no parecían cosa de preadolescentes.

Aún conservo su comentario de texto sobre la novela Réquiem por la muerte de un campesino español, de Ramón J. Sender. Ahí fue donde supe que este compañero llevaba dentro un escritor de raza, que la literatura estaba rodando por sus genes. Ese texto fue un modelo para mis hijas y mi alumnado de cómo tratar un texto literario.

Perdimos el contacto durante mucho tiempo y, en el primer reencuentro, lo primero que pregunté fue: "¿sigues escribiendo? ¿Has publicado?" Él contestó con la humildad que le caracteriza: "que va, ahí está en un cajón". Pues prepárate para desempolvar.

Y con ese ímpetu, llegamos al día de hoy, gracias a la buena suerte de encontrar en el camino las personas adecuadas.

De su obra, destacar el profundo relato poético colmado de belleza y cercanía. Sorprende el modo en el que se sirve de las palabras para pincelarnos fotogramas tan diversos. Sus metáforas, son imágenes dinámicas y coloridas de un paisaje interior. Sus escritos rebosan sensualidad, sensaciones táctiles, olfativas... Puedes degustar el sabor de un café recién molido o el áspero sabor de la sangre. Puedes escuchar el sonido de una silla de enea o las campanas de la torre al atardecer. Puedes percibir el calor de la hoguera o el mágico olor de un zoco en Marruecos.

Sus temas: el amor, el dolor, la amistad, la mujer, el otro como su igual imprescindible, la injusticia, el pueblo, los campos, la trascendencia en su cosmos interior y exterior, ese sentido de pertenencia al todo.

Le gusta afirmar que las mujeres le han acompañado siempre como protectoras y musas de inspiración. Ama a las mujeres.

Su obra rebosa dichos y palabras, olvidados con los años, que José Antonio atesora como testigos de haber vivido. Son fragmentos que nos transportan, en muchas ocasiones, a la niñez: esa época agridulce que todos compartimos con El niño y el tiempo.

Gloria Belén Fernández Martínez

DECLARACIÓN DE INTENCIONES

Escribir es el trance de desnudarme ante el espejo.

Tú, cercana, al otro lado de la niebla, me miras,
me escuchas silenciosa.

Escribir es la quemadura con la cal viva de la página en blanco:
rasgarme las imposturas, desbaratarme las apariencias, abrirme las
entrañas.

Como una catarsis.

Salir de mí a la plaza, al sendero, al mercadillo, para encontrarnos.

Seremos caminantes de pasos lentos, iremos juntos a lo largo de me-
táforas y delirios.

Primer hallazgo: leer y escribir, tu soledad y la mía son soledades
idénticas.

Además, por si no lo recuerdas, compartimos parentesco terrestre:
somos primos hermanos por parte de madre.

Está escrito en las mitocondrias sumergidas, en el fuego celular que
nos calienta.

Por parte de padre, desde nuestra descendencia de Caín, todos fui-
mos engendrados bastardos y asesinos.

Eso cuenta el Antiguo Testamento de los hombres.

Te confesaré lo que me pasa
sin tapujos, frente a frente:
mis escalofríos de placer,
de gozo incontenible,
el hechizo de los milagros,
mis temblores de miedo, mis arritmias,
las culpas con su gangrena,
la pérdida inexorable de los segundos,
uno tras otro,
hasta el instante de morirnos.

Segundo hallazgo:
vivimos las mismas cosas.
Las mismas enfermedades,
los mismos sueños,
las mismas alegrías,
las mismas traiciones,
las mismas bajezas,
las mismas hazañas.

Si quiero ser yo tiene que ser contigo,
porque la vida solo se conjuga
en la primera persona del plural.
Es una cuestión de vida o muerte
hablar o escribir para contarnos
lo que sentimos, lo que somos.

Es determinante, inexorable
la existencia del observador,
que alguien te escuche,
que alguien te lea
para que existas.

Tercera cuestión:
solo se hace realidad
aquello que observamos,
el acto de fe de ser testigos conscientes:
tú que me ves y me reconoces,
yo que te reconozco cuando te veo,
el zumbido de enjambre
que nos envuelve,
el runrún de microondas
del cosmos.

Eres tú solamente
quién puede pronunciar
las palabras mágicas,
decir en público:
"Te veo, toco tu carne, es real, existes".

¿Me entiendes?

Así que escribo para dejarte rastros,
manchas de sangre sobre las hojas,
jirones de piel sobre las esquirlas.

Tender sobre las páginas los despojos
de mis guerras que son las tuyas,
o contigo, las señales de humo
de mis hogueras temporales,
tus mismos incendios,
mis mapas de nubes,
que me reconozcas camuflado
sobre el horizonte de una tarde,
y pienses:
"Por allá va un hombre,
escucho su voz
persiguiendo pájaros de tizne".

Escribo para curar las palabras heridas,
las que se quemaron en las bibliotecas,
las viejas psicofonías llenas de telarañas
que murmuran en los desvanes de la historia.

Te contaré mis recuerdos con lentitud,
como se deben contar las fábulas,
sereno y nocturno,
hablándote con susurros y requiebros
desde la bóveda inmensa de mi soledad,
mía solo, pero exactamente
igual a la tuya.

No te asustes, son como los cuentos
de miedo que nos contábamos de niños:
el sacamantecas, el hombre del saco,
el lobo disfrazado de abuela,
el espíritu de mujer
tras el cristal de la casa deshabitada,
en ruinas.

Cada cual tiene rincones
donde viven sus espíritus,
recuerdos como dolores infectados,
pecados inconfesables
que carga sobre sus hombros,
herencias de muertos familiares.

Hagamos limpieza de tanta podredumbre
juntos, abramos umbrías,
descorramos visillos,
sacudamos el polvo de los muertos
de las alfombras.

Que la luz espante las penumbras
que nos habitan.

Seamos tú y yo,
y él y ella, juntos,
un nosotros radiante,
indestructible.

Pero hagámoslo ya,
se nos acaba el tiempo.

Démonos prisa,
nos queda poco para extinguirnos de la faz de la tierra.

EL COMIENZO

Te hablaré del comienzo
despacio, a conciencia, poco a poco.

Este ahora
—en realidad, lo único que tenemos—
la increíble desmesura
de haber cumplido sesenta años,
lo dejaré para más tarde.

El pasado ya no tiene arreglo
y doy gracias por la prórroga
que me ha sido concedida
para poner en orden mi casa,
mi mente, el balance de mis cuentas.

Buscaré el instante de las preguntas,
cuando fueron simientes
sobre los labios del niño
y dejaré las respuestas tardías
para más tarde.

Los sueños en el corazón del niño
fueron preciosas crisálidas transparentes,
fértiles llanuras sembradas
de mañanas espléndidas.

Así debería ser la infancia.

Pero llegó, un día de verano
de hace ya mucho tiempo,
una plaga de orugas hambrientas
para devorar hoja tras hoja
todos los cuadernos del niño.

A la mañana siguiente me encontré
perdido, abandonado,
sobre mi piel hecha jirones
una vieja camisa de ausencias,
náufrago sobre la arena cubierta de despojos
de mi propia isla solitaria,
a oscuras, delante del espejo,
pesándome sobre la conciencia
la vastedad infinita,
la realidad inabarcable del tiempo.

El principio del fin que comienza
cuando sientes, muerto de espanto,
que no hay respuestas que te salven
de estar ante el abismo
de irte haciendo viejo,
que gota a gota se te van cayendo los días
con el sabor de una dulce derrota demorada,
sintiendo como un regalo apaciguador,
un bálsamo dulce, que todos nos tengamos que morir
para que se nos quite de una vez por todas
el miedo ancestral de estar vivos.

Porque sabes con desesperación
que más allá solo estará ella:
la nada esperándonos con los brazos abiertos.

Me sentaré contigo cada crepúsculo
a contarte mi biografía vital
mientras me acerco a ese segundo temible,
frente a frente mi muerte y yo
mirándonos a los ojos.

Toda entera para mí hasta el hartazgo,
porque cada cual
ha de morirse a solas consigo mismo.

Por eso aquí, desde ahora,
me armaré de valor para redactar
mi testamento sin ajustes de cuentas,
sin condiciones, ni cláusulas,
ni mentiras piadosas.

Haré frente a todas mis deudas y desastres,
aceptaré mi herencia de culpas,
abriré la puerta a cada uno de mis fantasmas,
unos cuantos,
a los que quiero invocar delante de ti,
mi testigo, esperando que cuando los nombre
se me vayan de una vez, ocupas insaciables,
del templo de mi alma.

¡Cómo sería volver a llenar de aire puro
mis pulmones, expirar hasta la última de mis sombras!
¡Dormir de un tirón, como un bendito!

Pero empecemos, mejor,
por ese ayer que se me va quedando
cada vez más atrás,
antes de que pierda los nombres
con su corte de adjetivos y adverbios,
antes de que el olvido me infecte la sangre
con la metástasis incontenible del Alzheimer
y me borre la memoria.

NUESTRA HISTORIA

Recuerdo mi adolescencia:
ebrio animal que adoraba el sol,
torpe cazador de etéreas metáforas,
hechizado de lecturas y adicto a las hipérboles,
persiguiendo al atardecer molinos de viento como gigantes,
consumido el seso y la razón
por las novelas de Caballerías de mis tiempos.

Hervor de sangre, racimos de fiebre
al llegar el solsticio de verano.

Aullidos de lobo en celo bajo la luna.

Las acampadas de fin de curso
corriendo alrededor de las hogueras.

Dibujar elipses
con varas encendidas,
saltar sobre las llamas
embrujados por el fuego,
giróvagos entre las mareas lunares
de las noches lácteas.

¡Ay, aquellos torrentes de testosterona
recorriéndonos el cuerpo
como congrios electrizantes!

Danzar, correr, bañarnos desnudos
en el arroyo Guadalora
de aguas cristalinas.

Adorables criaturas arrebatadas
que quemaban las noches
gritando dilemas,
proclamando utopías y conjuros.

Con el tiempo rebosante entre las manos
y un mundo nuevo en las alforjas.

EL POEMA

Me he despertado cada mañana
intentando borrar el sufrimiento
en la hoja del calendario,
en el cieno de la memoria.

He intentado deshacer mi equipaje de culpas,
arrojar el lastre del polvo,
desaguar mis sentinas de los instantes podridos,
borrar tanta pringue de palabras envenenadas.

Renacer en la página del día siguiente
con cada recuerdo amargo hecho entraña dulce.

Aquel merecido sueño reparador
de Adán y Eva en el Edén,
antes de vestirse con la hoja de parra
y marcharse avergonzados a su destierro.

Es doloroso que la vida
deje cicatrices abiertas
en el limo inconsciente de la carne.

Cada acto, cada roce,
gota a gota de estalactitas
atravesando membranas
y pensamientos, la grasa y el músculo,
los olores imborrables que se impregnan,
sensaciones como chispas que te escuecen,
los cordones de los nervios que colapsan,
hasta caerse en el alma turbia
en sedimentos dolorosos.

Te abriré mis poemas de amores y naufragios,
mis rincones de tristes alamedas
donde cantan ruiseñores y duermen
cormoranes oscuros.

De noches tibias y recónditas
como vuelos de lechuzas.

Te contaré el hundimiento, la luz,
la magia de mirar el océano que te mira en unos ojos.

Los imanes de una piel al rojo vivo.

Mi labio derramando sangre
por los besos que desgarran.

La descarga eléctrica del roce
de unas manos sobre mi columna.
La hipnosis de una voz susurrando
como un crótalo entre la arena ardiente
de las sábanas.

Poemas humildes para enseñarte
los arañazos del tiempo,
las cornadas terrestres,
mis quemaduras de sol.

Recitaré el verso de cada día,
salir a la calle para comprar el pan
por la mañana temprano.

Hablaré en sueños de las horas
que se me perdieron entre tinieblas.

El caminante no hay camino lleno de trampas,
el agujero negro de las pérdidas,
el pozo y la cárcel
en el juego de la oca,
el niño jugando a vivir,
del puente a puente
porque te lleva la corriente.

Los atributos deslumbrantes
—nuestro síndrome de Diógenes universal—
y las entrañas vacías, yertas como escarchas.

Las viejas cosas entrañables
de nuestros oficios y menesteres:
las botas de cuero con su grasa de potro,
la camisa rota,
los calzones zurcidos de calenturas,
la huella fósil y el palaustre,
el haraposo abrigo de bolsillos secretos,
las macetas vivas de los patios.

Las odas de las sillas humildes,
los muros maestros,
los tejados fortalezas
tejiendo sueños apacibles.

¡Vivimos juntos tantas historias!

Pero las cosas se olvidaron
entre paradigmas digitales.
Perdieron su "cosidad", su propia ontología.

Las consumimos hambrientos,
como imágenes de una película
de etéreos hologramas.
Las cosas nos abandonaron:
no nos calientan,
ni nos cobijan, ni nos visten,
ni nos nombran.

Os abriré mi rincón de los horrores,
mis desvanes a oscuras.

¡El miedo de mis noches largas!

Cuando llegaban las dudas sigilosas
como serpientes
y yo era una triste alma en pena
con su trémula desnudez,
con sus síncopes por los cuartos.

Así que cuéntame tus batallas,
tus dilemas de arenisca,
cada incertidumbre que te desvela
en la madrugada.

Dime, por favor,
si has encontrado alguna respuesta.

¿La mía?

Te la digo.

La mano del silencio inerte, cariñosa,
como una caricia congelada
rozándome el temblor de los labios.

Mi amigo y mi maestro.

LA AMISTAD

Para mi amigo,
Antonio León Lillo.

¿Te acuerdas, Antonio?

¿Nosotros dos
a la orilla del Guadalquivir,
cerca del puente de hierro,
aquellas mañanas primaverales
de sábados y domingos
haciendo ejercicios de gimnasia,
entre el silbido de los juncos
y el saludo espejeante
de los álamos?

¿Te acuerdas de la pena quejumbrosa,
del murmullo oloroso del viento
traspasando los tarajes?

No se me olvidan los sustos imprevistos
que nos dieron las culebras gigantes
sesteando enroscadas sobre la yerba,
su soplo desgarrado al sentirse acorraladas.

Nuestro tiempo virgen, inexplorado,
cuando aún no teníamos cicatrices.

Aunque luego, a solas,
libraba yo noche tras noche una guerra feroz
con mis fantasmas.

Llegaban los almanaques
como páginas en blanco
para despejar incógnitas,
para escribir palabras recién nacidas.

Buscábamos latitudes para fijar el rumbo,
elegíamos el tótem animal en los campamentos estivales,
aquellas charlas eternas y ardientes
a la sombra de encinas y quejigos.

¿Te acuerdas de nuestra primera
acampada en la Fuente del Conejo?

¿El día que jugamos
a cazadores nómadas de salvajes jabalíes?

Recuerdo el cerdo despistado
que cayó en nuestra emboscada.

Tú arrojaste una lanza de eucalipto
con tan buena puntería que lo golpeaste
en la frente, en medio de las orejas.

Aún me duelen las atenciones al herido,
las refriegas culpables con el agua de la fuente,
muertos de miedo de que se nos muriera
entre las manos.

Supimos en ese instante
que nunca seríamos cazadores.
Si acaso, presas ensimismadas,
pacíficos herbívoros pastando
en las dehesas del mundo.

Era la edad del polen
en las barrigas curvas.
Tiempo de corolas y estambres,
de primigenios insectos voladores
y forzudos escarabajos iridiscentes,
de pájaros colibríes suspendidos
en sus poligamias.

La humanidad con su utopía
de horizontes y fértiles llanuras
para dar a sus hijos hambrientos.

Otra vez decretada la era del trueque
y la balanza, el amor en medio
de la libertad y la justicia,
en el nombre del Padre y del Hijo
y del Espíritu Santo.

AQUELLA CÓRDOBA

Antonio,
¿te acuerdas cuando la vida era un misterio?

Por las tardes en cada libro abríamos un mundo
para conjurar su oculto abracadabra.

¿Recuerdas nuestras charlas filosóficas?

Las sesudas disquisiciones sobre "Crítica de la razón pura",
de Inmanuel Kant.
El sentido de la conciencia
del observador que creaba el mundo.

El axioma que yo repetía una y otra vez
apuntando, sin saberlo, los delirios,
el estupor que nos abrió años después
el horizonte infinito de la física cuántica,
su inescrutable principio de incertidumbre.

Me acuerdo del embrujo de las noches de Córdoba.

Cuando andábamos en las noches imagineras
por el laberinto de sus calles judías
bajo la mirada acechante de las gárgolas.

La luna llena dormida sobre las hojas vibrantes de los álamos.

El eco de los pasos sobre las calles empedradas,
las velas solitarias con su luz estremecida
alumbrando el Cristo de los Faroles,
tan solo en su plaza de silencio.

La vida con sus oficios elementales
y las fábricas obrando el milagro
de los panes y los peces.

Era tan joven, tan nuevo el tiempo,
que nos llovía la pelusa
del polen de la ribera
y nos quedaba un sabor cítrico,
un regusto de azahar en la boca
paseando por las huertas de naranjos.

¿Te acuerdas del dulce amargor de las naranjas,
cuando muertos de sed las pelábamos
con las uñas a la sombra de los viejos
naranjos cadeneros?

¿Te acuerdas cuando nos íbamos
al bar al caer la tarde,
aquella extraña euforia
de lucero encendido
en medio de la noche negra,
riéndonos a carcajada limpia
como un sagrado manifiesto,
como una declaración de principios
inquebrantables?

¡Qué borrachera era irnos todos juntos
a formar multitudes por las plazas,
convocados a todas las manifestaciones,
a las huelgas de todos los gremios!

¿Recuerdas nuestra primera estampida
corriendo delante de los grises?

Tú, que te subías a una farola
y veías una muchedumbre vital,
un murmullo de enjambre
llenando la Plaza de la Corredera,
rebosando por las Tendillas,
voces empuñando manojos de palabras

recién salidas del diccionario
izadas sobre banderas y pendones,
miles de gargantas al grito
de arquetipos enterrados:
¡Libertad! ¡Libertad! ¡Libertad!,
gritábamos como un telúrico temblor
que despertarse desde el fondo de la tierra.

Me acuerdo de nuestra primera borrachera
con vino amargo de Montilla-Moriles.

Nuestros pasos zigzagueantes,
hombro con hombro,
el juramento de amistad
como un motor indestructible
de sol y de sangre.

La libertad que costó tanta muerte,
tanto trabajo, tanta lucha y tanto calabozo
a nuestros abuelos.

La libertad con mayúsculas,
la que duele como un parto o una muerte,
no la abyecta libertad de hoy
para hacer lo que me venga en gana,
y que se jodan los otros,
los que no puedan.
La libertad de unos tintos de verano,
unas cañas es más que suficiente,
el entrechocar de las copas,
los brindis exaltados
entre canallas sonrisas.

Sin importar lo más mínimo
que alguien se esté muriendo
de pobreza y soledad
al otro lado de la acera,
o de los alambres afilados,
en medio del océano,
en la fila del hambre
que está justo en frente.

¡Que se aguanten, que trabajen en silencio
en nuestros trabajos de miseria
y nos dejen en paz!

Pónganos otra ronda, camarero,
y por favor, quite de nuestra vista
tanto pobre desgraciado.

¡Ya no sabemos que todos fuimos
pobres criaturas desarrapadas!

Ahora nos sentimos de alta alcurnia,
de sublime pelaje,
y padecemos el más rancio racismo,
el más viejo:
la aporofobia, la vieja altivez tan nuestra
del hidalgo miserable.

AHORA

Ahora que vienen días de charcas
tranquilas para bañarme desnudo,
como en las acampadas adolescentes.

Ahora que mi sangre
no tiene ardores, ni urgencias.

Ahora que la vida casi no duele:
el miedo dormido,
la pena callada,
la angustia escondida
tras el opioide cotidiano.

La empecinada costumbre
de ponerme en pie
después de tantas guerras,
resistiendo todavía en el maltrecho
campo de batalla de mi cuerpo.

Ahora que tengo la ternura a flor de piel,
que se me enciende la sangre
con una brasa de sol
y se me saltan lágrimas cuando te miro.

Ahora que mi carne, sin embargo,
está rota, dolorida, reseca
como las llanuras.

Mírate los sublimes despojos en el espejo.

¡Qué lección de humildad,
qué preciosa moraleja viene
con las llagas medio dormidas
y las cicatrices desgastadas!

Reconócelo,
nos vamos haciendo viejos
sin darnos cuenta.

Pero yo te juro
que nunca como ahora
he sentido la carne tan sabia,
tan bella por debajo de las arrugas.

Locuras y bohemias que se funden
en tus glóbulos blancos,
recuerdos que hacen llorar
a tus traviesos hematíes,
a las bacterias rumiantes de tus tripas.

Ahora que vas andando por las aceras
y se te caen los adornos,
las etéreas camisas adamascadas.

Ahora que se te olvida
el por qué y el cómo y el cuándo;
el vil usufructo de tus escrituras
ante notarios impasibles.

Ahora que sólo necesitas
las cosas pequeñas:
el paseo con tu lectura
por el borde de la tarde.

Mi elegía de la lentitud,
la paciencia del sensible bodeguero
que hace vino de estaciones y segundos
con las incansables levaduras de la tierra.

Ahora que se te borran
los sujetos olvidados,
las hipérboles, los derroches
de metáforas sibaritas,
cada oxímoron enardecido.
Ahora que aprendí
la inefable sabiduría del silencio.

Ahora que las cataratas de tus córneas
te alumbran la magnitud inconmensurable
de la insignificancia de la vida,
esta puta vida por la yo te mato
o tú me matas.

Ahora, por fin,
te sobra la avaricia guardada en las despensas,
la usura en las cajas fuertes de los bancos
a salvo en sus paraísos.

Abres los ojos al amanecer
y con la luz te sobra,
con la salud maltrecha que resiste,
con el ansia perdida
y las horas regaladas.

Tenemos milagros, piénsalo,
que quizá no ocurran
en ningún otro rincón del cosmos:

cárdenos atardeceres,
murmullos de arroyo entre arboledas,
risas de niños como aleteos de palomas,
la llamada del viento en el canto del mirlo,
las tormentas de agosto que descerrajan
sobre los cielos truenos y relámpagos.

La caricia simple,
el visillo que se ondula
sobre tu mirada celeste,
el soplo de un beso,
el sol que se deshilacha
entre los cúmulos.

Ahora que te emociona contemplar
al abuelo de miradas pacientes
de la mano del niño,
dicharachero, saltimbanqui,
con el tiempo a manos llenas
y las risas a manojos.

Ahora que aprendiste el valor incalculable
de los átomos de la tabla periódica
en el olor del café recién hecho,
en el pan tostado con aceite
de oliva virgen rojal de cañada,
o picual, o manzanilla.

Ahora que lo tomas muy negro,
solo, y fuerte, como lo tomaba el abuelo
en su tazón descascarillado;
que lo bebes despacio, saboreándolo
con deleitable parsimonia
mientras piensas en la vida
y tienes el libro cerca,
tan cerquita y amoroso
que su lectura te roza la piel
y te pellizca el alma.

Ahora que arrojaste
los falsos hechizos de las serpientes,
tus atuendos de cebolla.

Ahora que lees despacio
las hojas caídas de los otoños.

La dulce zozobra
del tiempo sobre las aceras.

Mis viejos armarios
tambaleantes devorados por orugas,
los rincones llenos de moho,
las paredes con su pelusa de salitre,
los pecados que murmuran
en el templo de los espíritus
de la casa vieja, mi casa infantil,
profunda y absorbente
como un agujero negro.

Ahora, algunas veces,
me desnudo, me miro en el espejo
y me río feliz a carcajada limpia:
¡qué incansable voluntad,
qué patético tesón
contra la desnudez de dunas arrugadas,
las férreas tareas de ejercicios
que le impongo a mis músculos agostados
para que no se me caigan,
ni las arterias se me inunden de trombos!

¡Qué ilusa guerra sin cuartel contra el tiempo!

Ganar pequeñas batallas,
tomar algunas cumbres,
ir poco a poco perdiendo la guerra
para ganarte la vida.

Un superviviente feliz,
dichoso y agradecido.

Ese soy yo, lo reconozco.

Porque ahora cada segundo
es más hondo que un año,
y un verano pesa tanto como un milenio.

Porque estás tranquilo, ya no tienes citas,
ni esperas, ni llegadas, ni vítores, ni aprecios,
ni billetes de ida y vuelta a ninguna parte.

El tesoro de la sencillez,
porque ya no se te agarran los artificios
sobre las cicatrices, ni las canas, ni los huesos,
ni la memoria.

Porque tirando lastre de aquí y de allá
se te cayó el ego sin darte cuenta.

Porque ya estás a punto de decir:
se acabó, hasta aquí llegué, me rindo,
estoy cansado, seguid vosotros,
que yo voy a sentarme
a pintar el óleo sobre lienzo
de la puesta de sol
con las pinceladas de los pájaros.

Liviano, en ingravidez,
porque se acerca la hora
de arrojarme al abrazo de la tierra,
a morirme a gusto,
hecho polvo otra vez con mi familia
de tatarabuelos, de padres y hermanos
y un sinfín de primos terrestres,
fundido en el único amor que durará
hasta el fin del tiempo y del espacio.

Bienaventurado y pacífico,
porque ya me queda muy poco
para terminar esta ardua y maravillosa,
esta agotadora e irrepetible labor,
este oficio de vivir entre tinieblas resplandecientes.

Ahora os dejo dormir.

Os veré mañana en la página siguiente.

JUVENTUD

"Juventud, divino tesoro,
¡ya te vas para no volver!"
Ruben Darío

Edad de fiebres nocturnas,
de mañanas erectas bajo las sábanas.

Paseos aturdidos de mareos,
labios sedientos de mareas.

La huida con la hermandad adolescente,
el refugio en la tribu de irascibles tatuajes.

Mis quince años,
los dieciséis al filo,
los diecisiete a cámara lenta,
ávidos de cumplir
los dieciocho para ser mujeres
y hombres libres, palpitantes
como gorriones asustados.

¿Os acordáis?

En aquel lugar,
la ejemplar transición
que se enseña en las escuelas,
fuimos adolescentes
ardiendo de políticas,
con las manos en los bolsillos rotos
agarrándonos los deseos desaforados.

Luchando con la mala conciencia
por tanta catequesis
—católica, apostólica y romana—
de llevar las sienes inflamadas,
de dormirnos cada noche turbia
soñando dalinianas fantasías
de San Antonio.

Manos al abordaje bajo los vestidos,
yemas dactilares como antorchas,
bocas como topógrafos trazando
el mapa físico de los cuerpos.

¡Me encantaba recorrer
centímetro a centímetro
el relieve de unos muslos,
la cordillera de una espalda,
la blanda duna de un vientre femenino!

Pero lo mejor de aquellos años:
las primeras borracheras compartidas,
la urdimbre de las neuronas alucinadas,
los relojes adelantando la hora
para vernos en una esquina
de cualquier tasca de Córdoba.

Ahora, en este instante,
no es el tesoro que guardo,
ni el vino que bebo
en las noches largas
para aliviar las punzadas del tiempo.

Es algo más simple,
inexplicable:
el resplandor, las chispas de los ojos,
las pupilas eléctricas,
la luz del sol que cuajaba
horizontes desconocidos.

A ti, mujer, tu nombre
que se me quedaba pegado en la lengua,
dibujarte con poemas delirantes,
mirarte enamorado al trasluz del crepúsculo,
inmortal como a una diosa.

Era la noticia en portada,
muy temprano, antes de amanecer,
el papel húmedo de tinta,
la comidilla en los bares,
la charla de las cosas recién nacidas,
la desnudez de los hechos
para salir a escena en el teatro del mundo
con su tramoya de actos,
de desenlaces y tragedias.

La edad de las semillas portentosas,
de la masa madre del tiempo,
cuando era posible
transformar el mundo antes
de que el mundo nos cambiara,
antes de volvernos
homínidos voraces,
antes de firmar nuestra rendición
en la programada obsolescencia de las cosas.

Era la feria diaria de los libros,
cuando cada tarde nos enamorábamos
de la vida.

Exactamente esa es la página
que recuerdo de aquel entonces:
los debates de futuros imposibles,
cada uno trayéndose por la noche
su utopía al hombro,
descerrajar con palabras y adjetivos
sentencias como disparos
contra las injusticias de los hombres.

La metamorfosis de un nuevo mundo.

Aprendices de escribidores embrujados
con la grandiosa novela
de nuestra vida sobre La Tierra:
irrepetible, única, inolvidable,
egoístas inconscientes por los siglos de los siglos,
como la gloria de Aquíles y Odiseo,
la Hélade mágica de nuestros delirios.

NOMBRE Y APELLIDOS

Un pedazo de mi nombre me viene de los hebreos,
y el otro pedazo, de los romanos.

Mis apellidos son humildes, sin abolengo,
por eso adoro el laberinto de los zocos
hacinados como enjambres,
las fiestas paganas
alrededor de las hogueras
celebrando la mies cosechada en el almiar
y el ganado rumiante en el aprisco.

La vida detesta la soledad
y ama con ardor la muchedumbre,
la mezcolanza, las voces que gritan,
las almas que ríen, que lloran, que cantan, que rezan,
los gemidos del éxtasis con sus orgasmos
y los lamentos agónicos de los moribundos.

La vida adora ese olor pegajoso a humanidad,
a rancio sudor, a chilaba sucia, a podredumbre,
a carroña dulce, a carne crujiente entre las brasas,
a estiércol y a cachimba de cáñamo humeante
entre el aroma turbador de las especias.

Amo las ciudades medievales,
los mercados atestados,
el intenso olor a cabalgaduras,
los barrios viejos, los cascos históricos,
las alcazabas medio derruidas,
los zocos laberínticos con el olor lácteo
del cordero sobre las ascuas,
las plazas abiertas al sol
con sus puestos azarosos,
los veladores con sus narguiles
burbujeantes, las teteras hirvientes

y los viejos de rostros hirsutos, hieráticos,
vestidos con sus túnicas arrugadas,
sentados como esfinges,
fumando sonrientes, satisfechos,
con el son perenne de flautas y timbales
y las cobras bailarinas ondulando
sobre las canastas de mimbre.

Yo, que he vivido entre dos ríos andaluces,
en veraz campiña de labranzas antiguas,
tengo sedimentos de cal, fallas abiertas,
polvo de oro entre las arrugas,
líneas de hondos recovecos historiados
con que la vida me desgasta.

Cuando voy a Tánger o a Marrakech
me siento en la medina
a saborear mi té de hierbabuena
con azúcar moreno, tan a gusto en la costumbre
del comerciante ocioso, sentado feliz
y pensativo a la entrada de su comercio.

El tiempo pasea distraído mirando las mercaderías,
oliendo los tazones de las especias,
apreciando las telas adamascadas,
los hilos de las alfombras,
suavizando su piel herida con aceite de argán.

Lo llamo.
Lo invito a sentarse conmigo,
que pare por unas horas los relojes
y charlemos tranquilamente,
como dos viejos amigos.

Bebemos un café mientras admiramos
la belleza en el rostro de los transeúntes,
el iris de cal resplandeciente en los grandes ojos
almendrados de los niños pedigüeños,
la piel curtida de la vida,
las huellas evidentes de los naufragios,
el paso del siroco con sus tormentas
batiendo las dunas del Sáhara.

Le señalo los espejismos rojizos de la luz
sobre las fachadas, las pinceladas
en tonos de arena, la calima ocre
impregnada en la piel y las paredes.

Mira bien, le digo al tiempo,
mira los frescos de las miradas,
los tajos de sol, las torrenteras de lluvias
surcando las mejillas,
el olvido de tanta miseria,
los desiertos que se dibujan
en el campo de batalla del rostro,
las cicatrices que nos van dejando
las guerras feroces contigo.

El tiempo guarda silencio, apenas respira.
Se conmueve con un temblor
y deja caer una lágrima
mirando las esfinges de barro
sentadas sobre las aceras,
las viejas sombras mendicantes
paseando sin rumbo,
matando el hambre mientras matan
el tic tac de los relojes,
con las manos juntas sobre la espalda.

La tarde, recóndita
en el rubor de la calima,
se sumerge en su burbuja de ámbar.

Nos despedimos dándonos un abrazo de niebla.

El tiempo regresa a su templo
en el alma de las cosas.

Yo vuelvo andando despacito
hasta mi hotel, pensando
y conmovido hasta los huesos.

VENGO

Sé muy bien de dónde vengo.

¿Lo sabes tú?

Conozco la ascendencia
que me corre por la sangre.

Vengo de aquellos trilobites
dormidos en la caliza,
de las jóvenes amebas sepultadas,
de los orondos renacuajos,
de la laguna llovediza y causal
que se estanca en los veranos
y se pudre.

Vengo de la nieve en su oficio de crisálida,
cuando se transforma
en Marzo embriagado de azahar,
en Abril lluvioso en las llanuras.

El agua jacarandosa
descendiendo por las cárcavas,
charlando con los juncos,
con la olorosa hierbabuena,
con los álamos blancos.

El agua que arrastra
las piras funerarias del Ganges,
que se bifurca en las marismas
y contempla al caminante
mirándose pensativo en su espejo
sobre el brocal del puente.

El agua de lluvia que despierta las bacterias del humus,
tormentas que descerrajan truenos y diluvios sobre los tejados.

Los hombres y mujeres, una y otra vez,
forjan civilizaciones como hormigas indestructibles:
para el pobre la paja cuajada con el barro,
el sílice con la cal,
la atmósfera de las fraguas y las tahonas,
el olor acre de las tenerías,
las alfarerías con sus tornos girantes,
el olor a hierro y a grasa,
a la áspera tinta de las imprentas.

Para los poderosos las lujosas mansiones,
los áticos a la altura de las nubes,
los templos con polvo de oro,
los búnkeres a prueba de holocaustos.

Soy una brizna, nada más,
una mota azul perdida en el tiempo.

Soy hijo de la puta madre Tierra
y de los mismos padres bastardos,
los lejanos asteroides suicidas,
los errantes cometas cíclicos
que la preñaron y luego se fueron de conquista
por sus rondas galácticas.

Ya te he dicho quién soy.

Ahora te pregunto:

¿Quién eres tú?

EL VACÍO

El vacío que sientes como un nudo en la boca del estómago.

La vida que se queda en pausa,
haciéndose la muerta
entre el paréntesis de dos latidos.

La intemperie al borde del tiempo,
apenas la membrana de la piel,
el sutil velo de la atmósfera como un hechizo
que se desgarra y te roza el cero casi absoluto
del cosmos.

Las noches solas
a la orilla del Guadalquivir,
oyendo una guitarra flamenca
al compás de una seguiriya,
de una soleá, de un fandango.

Vivir del asombro indescriptible
al súbito escalofrío que te cuaja la sangre.

La caricia de la muerte que te roza
las sienes arrasadas.

Un pálpito que te susurra el viento
y se te queda enredado
en el sueño.

Algo... Alguien...
Murmullos de presencias invisibles.

El horror que te mira desde el polvo
de los cuartos en penumbra.

La soledad con sus fantasmas,
los espíritus de tu abuela,
los gigantes cabezudos
que de niño te daban tanto miedo.

Así que déjate de temblores
como un llorica cobarde
y asume sus consecuencias.

Sé hombre y hazlo justo
aquí, y ahora,
cuando la filosofía es
puro artefacto teórico
que no te vale como somnífero,
ni como bálsamo,
ni te calma la pena,
ni sutura el desgarro viviente.

Cuando no tienes ni un mísero poema
que inmolar para calentarte.

A ver, listo, dime qué potencia
calorífica tiene el verso más sublime.

Más te vale reconocer lo que eres:
músculos cansados, carne trémula,
huesos quebradizos de una criatura solitaria.

"Crisis de ansiedad", escribió en el parte
el médico de urgencias.

¡Así que era eso:
el cuerpo pidiéndome socorro
con gritos desesperados!

Cuando sabes que existes al filo,
al borde del trombo en la sangre,
de la emboscada de los triglicéridos;
con la vida tan a flor de piel
que estás a punto de llorar
con la impresión de un crepúsculo,
ante la mano suplicante del pobre
arrodillado sobre la acera.

Cuando vives con tan escasos pertrechos
que la lluvia devasta tus despensas,
las barrigas panzudas de los orzas,
la alcuza del aceite virgen,
la alacena sin el milagro
del pan que resucita por las mañanas.

Haber hecho oposiciones
a funcionario, te dirían tus padres.

Por eso te hiciste Bombero Forestal,
para proteger riberas y arroyos,
desiertos y dehesas,
pinares y laurisilvas de las llamaradas
de los veranos ardientes.

La vida es ese abstracto y oscuro arte
de amarte a ti como a mí mismo.

Aunque el más difícil todavía
es vivir con ese extraño ser,
esa criatura tan asustada como tú,
agarrándonos el uno al otro
con los dientes y las uñas,
devorándonos mutuamente
bocado a bocado,
como la oruga el parénquima de la hoja.

Porque pasa lo que tiene que pasar,
que un día de érase una vez un sueño,
de pronto, el amor se desvanece.

Ocurre que la otra persona,
al fin y al cabo tan humana como tú,
ya no siente la química en las células,
las falsas mariposas en el estómago,
y te mancha de adjetivos,
te apuñala con hipérboles,
te destierra con adverbios.

¡Tú y tú y tú!, te lanza
los pronombres personales,
afilados como cuchillos.

¡Qué triste separar con lentitud
aquellos recuerdos de viajes,
los rostros espejeantes de sol,
borrar las caricias lávicas,
los besos sin fondo,
repartirse las fotos de sonrisas abiertas,
olvidar los abrazos que conjuraban inviernos!

Pero lo peor llega entonces.

Cuando ella te abre de par en par
las puertas de los armarios
y te arroja a los pies tus prendas
arrugadas, tus atributos rotos,
tus celajes descosidos.

En el espejo,
frente a frente,
te mira un hombre derrotado, hecho trizas,
en cueros, como llegaste al mundo.

El miedo en los ojos
mirando el final terrible,
los restos del naufragio
esparcidos sobre las sábanas.

Sales afuera con tu hatillo de ropa
y te vas perdiendo por la niebla
de las calles nocturnas, una sombra
en medio de las sombras.

Tan triste, tan solo, tan extranjero
en la Tierra, que la noche llora contigo
la llovizna que te cala hasta los huesos.

Por las esquinas que doblas
resplandecen las ventanas,
oyes el tintineo de los cubiertos,
la liturgia de las cenas,
el rumor de las voces familiares.

Sigues caminando más solo que nunca,
apenas con la última brasa de tu sangre.

Resoplas para sobrevivir
sobre tu amor propio
que afronte las terribles consecuencias
del libre albedrío de los dioses,
la impermanente naturaleza
de las cosas.

En los bulevares y avenidas,
allá donde transcurren seres humanos
en sus cubículos como enjambres,
te responde el silencio profundo,
el hueco más espantoso que existe.

Estás solo otra vez,
llora todo lo que quieras,
pero acéptalo y sigue viviendo.

Porque todos tarde o temprano
estaremos solos.

Es sólo cuestión de tiempo.

Te crearás otro día, mañana,
por enésima vez,
a la luz de unos ojos
que te ven para que existas.

Arderás como una antorcha de sol
lo que dura una cerilla, luciérnagas
entre las tinieblas del cosmos.

Porque así vivimos:
chispas de sol una tarde,
sombras infinitas al caer la noche.

De la luz a la nada,
apenas un parpadeo en los ojos
mientras soplamos el aire de un suspiro.

UN BRINDIS POR LOS AMORES EFÍMEROS

Levanto mi copa
por los amores efímeros
en las noches eternas,
el crepitar de llamas
de dos cuerpos abrazados,
devorándose como si fueran
los últimos supervivientes.

La recuerdo organizando labores
en su oficio de arquitecta.

Daba órdenes claras y precisas.

Diligente fijaba cálculos:
las paladas de arena y de cal,
el hierro y la grava
en su cantidad y grosor justos,
la exacta medida
de agua y cemento
para el cuajo del hormigón.

Cada día me acercaba
por la obra de la calle.

Alguna vez la vi pensativa,
esbelta esfinge mirando lejanos horizontes.

Establecimos una caza y captura
de seducción a distancia,
a conciencia, con exquisita lentitud.

Una mañana, en medio del almuerzo
de los trabajos, hablaba con Eugenio de Rayuela,
de Julio Cortázar.
Ella me oyó y levantó los ojos,
sorprendida, como balcones abiertos
de par en par.

Me miró como una pedrada,
como si fuera la primera vez
que me hubiera visto,
dibujando una mueca
adorable en sus labios.

Aguanté como pude el temblor sísmico,
las ondas radiactivas de su cuerpo.

Todas sus armas arrojadizas
se me clavaron en el pecho, en las sienes,
en mi corazón desbordado en taquicardias.

Quedamos la noche suave
de un viernes en un mesón flamenco,
junto a la alameda,
en el viejo cauce del Genil.

Llegamos a la vez
desde direcciones distintas.

Nos paramos frente a frente,
reconociéndonos.

"Escucha", le dije.

Desde la ribera cantaban ruiseñores
enamorados.

Recuerdo que se le abrieron
de par en par las pupilas negras
y le temblaron, graciosas,
las comisuras de los labios.

Recuerdo nuestro primer brindis:
—"Por Rayuela", dijimos,
chocando los cristales
de nuestras copas doradas.

Nos mirábamos fijamente,
con toda la demora, con todo el espacio,
con toda la fuerza del mundo.

La noche ponía el compás
de una guitarra por soleares
rasgando el silencio.

El deseo nos atraía
como imanes planetarios,
cada uno cayéndose en el otro,
rozándonos centímetro a centímetro,
desde la piel hasta el alma.

Sobre la vieja barra de madera
pusieron queso manchego,
el más curado que tenían,
porque lo pedimos recio, fuerte, picante,
para resistir las embestidas nocturnas.

Volvieron a llenar nuestras copas
de un Rioja Gran Reserva,
el mejor de la carta de tintos,
decididos al derroche absoluto,
a devorar la noche hasta la última sombra.

Yo hice el segundo brindis:
"Por si el día no amanece", dije.

"El mañana no existe nunca",
dijo ella, dejándome con un beso
el hálito del mundo sobre mi boca.

EL CORTIJO Y LA BRUJA

Vivía en un cortijo en la campiña,
junto a la vega del Guadalquivir,
a los pies de una loma
sembrada de girasoles amarillos.

Crucé el umbral de su casa
como una vertiente entre realidades,
como una raja entre universos:
estratégicas nebulosas en penumbras,
paredes pintadas con geométricos dibujos,
mosaicos de iridiscentes azulejos.

Cogido de su mano me llevaba
dictándome consignas,
fórmulas invisibles de los volúmenes
suspendidos en el aire, abracadabras antiguos.

Describía un rincón con un roce
sobre mi hombro.
La pincelada de un cuadro
dejándome caer una caricia,
un suspiro ardiente sobre mi cuello.

Las proporciones, las formas, las oquedades,
las trazaba con elipses de sus manos.

Con las yemas de sus dedos
dibujaba dilemas y adivinanzas
sobre las vértebras de mi columna.

Tejía la telaraña espiritual de su mundo
mientras yo, poco a poco, ardía
en fogosa combustión espontánea.

Lágrimas de cristales ensartados en cuerdas
salpicaban las paredes con destellos girantes,
como pequeños astros en sus órbitas.

Ladrillos de barro en pilares rectos
soportaban viejas baldas
donde formaban sus libros,
en perfecto orden y cubiertos
de un fino velo de polvo.

Quizá hubiera allí alguna partícula
del serrín de mi infancia
durmiendo el sueño de los justos.

Su biblioteca elemental haciendo las veces
de cabecero de la cama,
un grueso colchón arrojado
sobre el cemento desnudo,
pulido hasta dejarlo brillante
como un espejo.

Nos sentamos sobre las sábanas
de líneas perfectas, trazadas
con escuadra y cartabón.

Buscando donde agarrarme
alargué el brazo y cogí un libro
sobre la mesita de forja.

Allí estaba Rayuela, el mantra
nocturno, esperándonos.

Ella se giró.

Tomó con delicadeza el libro
como el inicio de una liturgia
deseada largamente
en sus noches solitarias,
ocultas fantasías ardientes
a punto de cumplirse.

Sus ojos eran dos espejos
abriendo de par en par
los balcones del cosmos.

Sentí que me arrastraban
las mareas primitivas
de su olor a hembra.

La miré tendida a lo largo,
su voz ronca, quebrada,
mientras pasaba las hojas.

Desnuda.

Hermosa
como una diosa terrestre.

Su piel de cal, su carne transparente,
su sangre encendida en azules ascuas.

Los latidos de su corazón
palpitando en su pecho
como gorriones asustados.

Me desnudé.

Ella moldeó mi cuerpo entornando los ojos,
como una escultura en el aire,
dejando escapar un soplido delicioso de su boca.

Cada palabra de su garganta
sonaba a embrujos en la noche hueca.

Yo era el lúdico sacrificio,
la inmolación propiciatoria
de un hombre enamorado.

El opio de su voz,
las luciérnagas de su cuerpo,
la hipnosis de sus ojos.

La vida me poseyó hasta las vísceras
y me fue dictando cada renglón,
cada roce lávico:
el tacto lento,
la caricia suave, la ternura,
el súbito temblor;
el beso escrutando sus humedales, sus lomas,
sus vaguadas, sus lindes curvas.

Fui marinero de su cuerpo, poeta
navegando sus latitudes oceánicas.

¡Embriagado hasta el éxtasis
por su olor de marismas!

Antes de caer entrelazados
corriente abajo del sueño,
me sopló su voz acariciante,
remota:

"No te vayas esta noche,
ni mañana.
Hasta que acabemos
de leer Rayuela".

A VECES

A veces me despierto
en la noche cerrada.

Una vieja punzada en el sueño
me desvela de vez en cuando,
antes de que amanezca.

Mi viejo temor desde niño
de que mañana no exista.

Me asomo a la calle
bebiéndome a sorbos,
con pensativa lentitud,
mi taza de café negro,
mi droga de obsidiana.

Viene la luz por las esquinas
llamando a las puertas,
abriendo las persianas ruidosas,
baldeando los portales llenos de polvo.

Con la frescura de la aurora
deambulo por las calles
mientras van abriendo los puestos
del mercado de abastos.

Me siento en el bar de una plaza
tranquila, en silencio.

Los pájaros inquilinos se fueron temprano
rumbo a las dehesas, a los silos, a las llanuras de aluviones.

Sigo mi ritual de adicción,
mi café expreso,
el tercero o el cuarto,
con su lectura correspondiente.

De pronto, con aleteos ruidosos,
como una membrana de negros pespuntes,
llega un bando de palabras a las copas de los árboles.

Enmudezco, apenas respiro,
leyéndolas una a una
en arrebato contenido, despacio.

Se oyen susurros,
aleteos, trinos suaves, ruidosas
peleas de gorriones, siseos de tordos,
zureos de palomas insistentes,
silbidos de abejarucos llamándose
desde lejos.

Absorto, empático, temblando,
escucho sus historias.

Hay palabras huérfanas, palabras mudas,
palabras perdidas, de lejanos confines,
palabras asustadas
que se juntan en los parques
como viejos mendigos desarrapados.

Las hay tristes, melancólicas,
con la ausente mirada del pobre,
abandonadas a la deriva,
sin nadie que las pronuncie,
a punto de borrarse del diccionario.

Entonces, con el pulso detenido,
tiro veloz mis redes cazadoras
y me siento a escribir
en la quietud de un banco callejero,
recostado sobre un tronco,
tendido sobre la yerba.

Me armo de quietud, de pálpitos,
de religioso fervor en el templo de las horas regaladas,
rezando para que las musas se sienten conmigo
a la sombra de los árboles.

Con paciencia, con ternura,
como cazador palabrero que soy,
las pronuncio en voz baja, las escribo,
las agrupo en frases, en párrafos,
las tacho, las borro, o se desvanecen,
o se me olvidan, pero algunas
me resuenan en el alma
y quedan escritas con tinta indeleble
sobre las hojas.

Recojo mi cuaderno y mis bolígrafos.

La tarde enhebra tapices
de nubes cárdenas con el zigzag
de los pájaros que vuelven,
apresurados y escandalosos,
llenos los buches, a sus dormitorios arbolados.

Feliz, loco de alegría,
subo corriendo las escaleras
llamándote a gritos
con mis redes rebosantes
de palabras bulliciosas,
parlanchinas, chirriando
como jilgueros atrapados.

Tú, mi repostera de sueños,
andas en tus labores
de mágicos hojaldres,
de crisálidas de harinas,
de almíbares reducidos.

Te abro mis redes.

Las palabras, despacio,
con mucha onomatopeya,
una tras otra, las pronunció fuertes,
dramáticas.

Tú, distante, las oyes con detenimiento,
las iluminas con el azulillo de tus ojos,
las amasas con las palmas de tus manos,
las estiras, las retuerces,
las dejas dormir perezosas
el embrujo de la masa madre
en la umbría de las despensas.

Te digo:
léeme los labios,
y me besas curiosa,
saboreando la entonación,
los silencios,
las comas suspiradas,
los puntos y aparte
de las ausencias.

Te alejas poco a poco, sonriéndome,
tomándole el gusto, el sabor a mis adjetivos;
calculando la calidad, el lugar de mis adverbios;
la verdad, la pureza de mis pronombres;
la extensión, la brillantez de mis metáforas.

Yo te observo vestida con mis versos:
bellísima sirena fosforescente,
curvo animal mitológico,
diosa sensual de las mareas.

Te inspiras con sus sonidos
y andas con cuidado, que no se te vuelen,
para hacerme tu pase de modelos,
tu baile racial, y te alejas,
y te giras, y me saludas,
y te acercas para mirarte en mis ojos.

Das vueltas alzando los brazos,
bates palmas,
bailas, cantas, ríes,
tan alto, tan feliz,
que sin querer asustas mis palabras
que huyen ruidosas como un bando
de palomas torcaces
por los balcones abiertos.

Entonces sueltas una carcajada
con desparpajo guiñándome un ojo.

Se escapa un beso pícaro
del capullo de tu boca.

Regresas a tu fábrica de bombones húmedos,
a tus bizcochos borrachos,
a tus matraces que destilan
sabores desconocidos.

Me quedo sin palabras
contemplando tu desnudez
embadurnada de harina,
tu piel sin trampa ni cartón,
tu cuerpo de elástica cierva,
tus piernas largas de masai de los Cárpatos.

Soy el cazador voraz
de todas las palabras del cosmos
que sueña con comerse tu espíritu,
tu alma de mujer irrepetible.

Pero nunca me satisface,
nunca doy con las palabras justas,
exactas.

Y las que atrapo por las arboledas
con mis redes cazadoras
tu cuerpo las enmudece,
tu gracia femenina las espanta.

Puede que no sea tu poeta,
sino algo más humilde y elemental,
tu hambriento escribiente
que asa en las brasas del crepúsculo
tu cuerpo bocado tras bocado,
pedacito a pedacito.

Al caer la noche, como un juego,
servimos el banquete
sobre el mantel de las sábanas.

Brindamos con vino tinto,
un viejo Rioja Gran Reserva
del color de zafiros oscuros.

Bebo un sorbo, lo saboreo
con un trozo crujiente
del tocino de cielo de tu labio.

Doy mordiscos tiernos, jugosos,
al torrezno de tu rosado pezón.

Saboreo el dulce de leche de tus muslos.

Inhalo lentamente el elixir de tu boca.

La celebración, el derroche del tiempo,
la erótica gula de estar vivos.

Te vistes con tu lencería de encajes comestibles,
me rocías con exóticas especias,
tomamos vapores de inciensos afrodisíacos,
nos embadurnamos de chocolate y mermeladas.

Cada noche, con hambre contenida,
comiéndonos el uno al otro
como caníbales enamorados.

LA SILLA

Me gusta saborear el tiempo
que anuncia tu llegada,
la antesala resplandeciente de tu presencia,
el paréntesis que abres entre las cosas,
el espacio habitable de la silla
donde me siento a esperarte.

Cada momento tuyo antes de ti,
la felicidad que te precede,
el amor que te desborda
y llega hasta mí antes de que tú llegues,
esa es mi preciosa morada sobre la tierra.

El tiempo que nos pulsa,
el espacio que nos envuelve,
dos hermanos siameses uno a cada lado del espejo,
tienen tu misma resonancia,
el mismo aroma de tu carne.

Vivir es la alquimia de la materia,
las chispas que saltan entre los electrodos de los roces,
la obsolescencia programada
de las células que se mueren despacio.

Vivir es el lugar, el paisaje,
el volumen que ocupas,
el templo y la estancia tibia,
el velo de la atmósfera
y la placenta que me envuelve
con un beso de tus labios.

En la silla me siento a esperar
y la vida se sienta conmigo,
y el tiempo y el espacio, y los recuerdos,
y las pérdidas, y los naufragios,
el remanso del nómada sin rumbo,
el descanso del peregrino
con su nostalgia.
Por la mañana y por la tarde
sentados en la silla,
uno al lado del otro,
contemplamos el mundo.

Invento palabras
para contarte historias,
traduzco murmullos de jilgueros,
leo elípticos caracoles desahuciados
por el oleaje sobre la arena.

Siembro caricias
para que te nazcan sobre la piel
cardúmenes entre arrecifes,
entre praderas de posidonia.

Por la carne vegetal de la silla
transcurre la savia en su viaje
desde las raíces hasta las hojas,
su estación de gozos y penitencias.

Cuando toco la enea retorcida
recibo un dulce calambre,
la corriente del cambiun
que me conecta a La Tierra.

Entonces siento que respirar
es el milagro simple,
el susto del recién nacido que se atraganta
con la primera bocanada de aire.

Sentarnos en el ágora del mundo,
en los balcones de las tardes
y respirar sería suficiente.
Pero una vez y otra
llegan tiempos en que las sillas
se quedan solas y olvidadas
porque los hombres corren a matarse
con ardoroso ahínco.

Mirad la triste desolación
de la silla desvencijada,
patas arriba sobre los escombros
de los hogares destripados
por los bombas.

Yo hago votos de silencio,
renuncio a toda violencia
de la mano y los lenguajes.

Me siento en paz a escribir
todas y cada una de las denuncias,
cada crimen abyecto, cada violación
de los patriarcas asesinos.

En días apacibles daré un pespunte de luz,
un roto de fuga, un zurcido de tinieblas
para coser la historia:
nombres luminosos con adjetivos iracundos,
dulces metáforas con adverbios equivocados,
sujetos amantes con predicados homicidas.

Sobre la llanura fúnebre de las páginas dejaré
los despojos terribles de las palabras humeantes,
renglones torcidos de cuerpos carbonizados.

Eso nos queda
cuando rompemos la matriz
de la atmósfera,
cuando olvidamos el tiempo y el espacio,
únicos e irrepetibles, todas las criaturas terrestres,
el milagro de la vida y sus simbiosis mágicas,
cada uno de los dones amorosos
que nos fueron regalados sobre La Tierra.

LA SILLA DEL ABUELO

Recuerdo noches infantiles
sentado a la mesa dando cabezadas de sueño.

La luz durmiéndose sobre las ascuas
del brasero mohoso,
bajo la sombra de las enagüillas.

A veces, en la duermevela,
cuando mi madre removía el picón,
leí mensajes secretos escritos en morse,
rayas y puntos incandescentes
entre la ceniza.

Contemplar al abuelo en su escabel de corcho
ordeñando la vaca con la aurora tibia;
a la puesta de sol por la tarde,
con la fresca.

El abuelo rodeado
de culebras serpenteantes:
las tomizas de eneas
para tejer los asientos.

Las yemas táctiles desgastadas,
los dedos redondeados por la lija
de las cosas, por la piedra de su mechero
de tantos cigarrillos encendidos.

En la mano derecha,
entre el índice y el pulgar,
la tomiza del trabajo:
la esclavitud de sol a sol,
el mísero sustento de las cosechas,
el desgarro de la posguerra y el hambre.

Sinuosa entre el anular,
el corazón y el meñique,
la tomiza del amor:
el olvido de la ternura,
la pérdida bajo la tapia,
el abandono sobre el humus.

En la mano izquierda,
conectada al corazón,
la tomiza invisible
que las envuelve a todas,
la tomiza del tiempo,
la dimensión que nos deshace
en el polvo.

En esta silla de mi infancia
me siento a contarte mis historias.

En la silla de mi abuelo descanso
los pies de mis locas andaduras.

La silla calma el miedo atávico del hombre,
cuando llegan las tormentas de Agosto
a descerrajar sobre los cristales
los sustos imprevistos,
el trueno cíclope y el relámpago cegador.

Siéntate conmigo
en tu silla amorosa
—cada cual tiene la suya—
al amor de la lumbre.

Matemos el tiempo,
llenemos el espacio con el cuento de érase una vez
la historia humana de hombres y mujeres,
aquella que vivimos a la luz de la fogata,
la tribu amorosa reunida al caer el sol
en el salón dormitorio de la caverna.

EL HOGAR Y EL AMOR

Mi hogar fue la casa vieja de Almodóvar
con su agujero negro,
su tapa de madera y las ratas curiosas
mirándome con los tizones de plata de sus ojillos,
con el nido de barro colgado de la alfarjía
y sus polluelos hambrientos.

Allí, una acróbata golondrina trazando elipses
me cosió con pespuntes de magia
el llanto de mi madre en los bolsillos
de los calzones cortos.

El patio de huevos gigantes,
con las avispas mordiendo las uvas rotas
y las lagartijas sesteando como palitroques
a la sombra de la parra.

Mi hogar fue la casa del corral inmenso
donde tuvieron lugar aquellas siestas
que paraban el mundo,
las tertulias de las mujeres al véspero de la tarde
y su botijo de barro permeable,
la sombra de la marquesina de sacos
donde fui jinete enardecido de una muchacha ardiente.

Mi hogar fue la calle Averroes,
Palma del Río entre terrones calcinados,
mis juegos mágicos sobre la tierra,
con los gritos disonantes de los carteros
y mi madre persiguiéndonos con la alpargata.

Mi hogar de muros de papel mirando al sur,
al este y el oeste, en perenne insolación
de la aurora al crepúsculo.

Al terminar los veranos con sus saunas de cal
parecíamos figuras extraterrestres, ligeros,
translúcidos, leves como alambres.

El salón diminuto con su tapiz de ciervo
en su berrea infinita y mi padre
sentado en el sofá de escay pegajoso
leyendo parábolas de la manzana y el árbol,
con la culebra alrededor silbándole
pecados a mis hermanas,
sus hijas, cuando salían a la calle
a sus paseos de novios.

Mi padre, celoso de otros hombres,
haciendo preguntas obscenas de borracho
encendido a sus hijas azoradas como alondras:
—¿Qué te ha tocado el chulo ese?
¿Cómo? ¿Dónde? ¿De qué manera?

Mi padre queriendo esconder a sus mujeres
y muchachas dentro de sus sienes turbias,
solo para el mismo.

Mi pueblo entre dos ríos,
el Genil terroso de Granada
y el Guadalquivir aceituno de Jaén,
donde adormideras de azahar
brotan en los naranjos cuando
llega la primavera, en los mismos días
en que los gusanos de seda
inician su metamorfosis
escondiéndose en sus capullos.

En este lugar que fue cruce de filósofos
y poetas, de romanos centuriones y arquitectos,
de médicos árabes y esclavas princesas,
era imposible escapar del hechizo
de enamorarse al cumplir los quince años,
de subir corriendo en estampida
a los balcones y barandas de Al-Ándalus

Mi hogar de los campamentos
y las tiendas de lona canadienses,
los ritos iniciáticos saltando las llamas,
con los cuerpos esculpidos de polvo y de tizne
como giróvagos danzantes.

He tenido mi hogar en una calle
infinita, bajo el cerro de los vientos
con su castillo fortaleza encaramado en la cumbre.

Al lado, como en las historias
de dragones y caballeros de los cuentos,
mi húmeda mazmorra de demonios nauseabundos,
de trasgos babosos y repelentes,
mi bífida bestia.

He tenido de amigo al Arcángel Rafael,
a mi amado Antonio, a mi Gloria irrepetible,
a mi querido Quiquín, a mis vecinos naturales
con sus gentilicios, a todos mis familiares ancestros
de innumerables primos hermanos.

Los quiero a todos, uno por uno,
porque el amor está hecho de levaduras
que se multiplican sin descanso
y se me cae sin darme cuenta
por las rendijas del alma.

Quizá unos cuantos me quieran a mi.
Eso espero.
Al fin y al cabo, el amor es un duendecillo caprichoso:
un tesoro de valor incalculable
si no lo pides y te lo dan,
una obligación con su tormento si lo exiges,
si lo raptas o lo compras.

¿Cómo es el tuyo?

¿Es un don, un regalo,
una dádiva milagrosa,
o un castigo, un tributo, una cadena?

De ti depende.

Pero siempre, siempre, regálalo.

Hoy.

Porque mañana no existe.

EL MANDADERO

Mi madre me mandaba a la tienda
de la calle Nueva.

—Niño, apúntate en la memoria:
tráeme cuarto y mitad de chorizo picante,
cuarto y mitad de morcilla encebollada,
mitad del cuarto de mortadela,
cuarto y mitad de salchichón
y tres sardinas arenques.

—Niño, tráeme de la tienda del lápiz
veinticinco centilitros de colonia Varón Dandy,
que viene mañana tu padre.

—Y no te olvides del bote.

—¡Niño, tráeme un almud de cal!

Y allá que me iba yo con mi talega de hule,
con mi canasto de mimbre, tan contento.

A la casita con su calera,
a la carnicería, a la pequeña tienda de ultramarinos.

El mandato de una madre era un sacramento.

Recuerdo el niño de la pandilla
en su *mobilette*, tan lento que lo adelantábamos
en nuestras bicicletas. Pero era una moto.

En un cruce de la carretera de Écija,
le dio el alto la pareja de la Guardia Civil.

—A ver niño, el permiso.

El niño contestó:

—Señor Guardia Civil:
el permiso me lo ha dado mi madre.

Ya estaba todo dicho.

El guardia dejó escapar una sonrisa disimulada.

—Anda, vete ya, gorrión.

MI BALANCE

Yo estoy hecho de esa misma cal viva
que apagaba mi madre en la pila de cemento,
en el rincón del tragaluz de la cocina
con sus barrotes de mezcla.

Largos días de sol por las calles de gravillas
me dejaron en la piel ese barniz de sílice
transparente como el ámbar,
una urdimbre milagrosa de capas superpuestas,
de sedimentos que sueñan y palpitan
entre los alambres de los tendederos de ropa
atados a los viejos olmos.

¡Ay, aquellos juegos infantiles entre los guijarros!

Nada tengo de todo aquello
que sea mío, ni tuyo,
porque todo nos ha sido dado
en romano derecho de usufructo.

Ni siquiera yo soy mío, ni tú eres tuyo,
porque los átomos primordiales
nos han sido prestados.

Ahora, con los sesenta
recién cumplidos,
con la horca de mi abuelo
quiero aventar mis pacas amarillas
sobre las llanuras de estiércol,
las viejas palabras luminosas,
las pavesas nutrientes de las hogueras,
la ceniza de los braseros de ascuas.

Mi balance vital,
porque estoy cansado
y la gravedad de la vida me pesa
como un planeta sobre los hombros.

ALEGORÍA I

Dos alegorías y un sueño
para mi madre.
Para mi padre pido perdón
por los siglos de los siglos.

Mi madre sobre la llanura
con su camisa de rastrojos,
con su pañuelo blanco
y sus pantalones de hombre
a galope sobre los surcos.

La mujer cuidadora del fuego,
cuando en los largos inviernos
prendías el picón en el brasero humilde.

Por la noche, muertos de frío, nos tapábamos
hasta los hombros con las enagüillas ahumadas.

Mi madre en su niñez de puro hueso
mordida por lombrices blancas,
por voraces piojos y tenias transparentes
en los meandros de sus tripas.

Una muchacha enclenque quebrada
sobre las cosechas, amarrado a su cintura
el gusano de algodón,
las llagas abiertas de sus dedos
salpicando de sangre los capullos blancos.

El ayuno tan viejo como el mundo
era mi madre en las auroras,
cuando olía el pan recién cocido
en las brumas del sueño.

Una preciosa chiquilla
que dormía en colchones de borra
arropada por chinches voraces.

Anduvo el tiempo de sí misma, su biografía,
con hembra mansedumbre,
ajena y extranjera de su cuerpo,
fiel esposa del hombre
en maternales sacrificios.

Mi madre adolescente que una mañana,
al abrir los ojos, se descubrió temblando
una reguero de sangre entre las piernas.

Siguieron las estaciones curvas,
falsas esperanzas, coplas de mentira,
faenas de siega, tardes de lluvia solitaria
sobre los bordados del ajuar.

De hermosa muchacha
con sueños de cupletera al oficio de sus labores
—divino sacramento mediante—
no fue un idilio de amor,
apenas un viaje de novios a Córdoba,
sino el funesto castigo de costumbre
para las mujeres de la posguerra:
hembra fértil para traerle hijos a su dueño,
el hombre.

Maduraste soportando inviernos
con el hervor de tu sangre,
largas noches de soledad
al rescoldo de la lumbre.

Era ley de vida que ocurriera,
de tanto que fue el cántaro a la fuente,
y ocurrió.

Sobre el mediodía
de un lejano día de agosto,
en medio de dolores terribles,
diste a luz una menuda y llorosa metáfora,
una criatura carne de tu carne:
yo, tu hijo primogénito.

ALEGORÍA II

Te ponías de madrugada el ancho vestido
para tus trabajos de cenicienta.

Te cepillabas el pelo mirando nubes,
sorbiendo lágrimas de sal.

Molías en el viejo molinillo de madera
amarrado con alambres tu diario café negro,
mitad granos torrefactos,
mitad granos diminutos de humilde cebada.

A mediodía te colgabas el mandil estampado
para cocinar tus guisos irrepetibles,
tus mezclas de gramíneas esenciales
con hortalizas y legumbres:
alubias con arroz, arroz con lentejas o garbanzos,
papas cocidas, puchero con tagarninas,
con cardos y alcachofas acorazadas.

Te recuerdo abeja bajo el sol,
hormiga incansable
de un cuarto a otro
haciendo las camas desnudas,
ordenando las frugales despensas,
fregando los suelos de rodillas.

El tiempo de racimos ácidos,
aquellas lágrimas de tus ojos
que se llevó la golondrina
con sus polluelos hambrientos.

Mientras las pandillas alborotadas
corrían incansables por las calles de tierra,
tus manos cuidadoras tendían lindes,
lavaban, zurcían, encendían el fuego,
ordenaban el mundo.

Recuerdo esa voz tuya
descendiendo brava y tormentosa
llamándonos desde el cuarto de pila
con gritos imperativos, impetuosos,
pronunciando algún nombre ineludible.

El andar cansino, el temblor del nombrado
—entre las condolencias del grupo—
subiendo las escaleras del bloque.

Porque arriba nos esperaba siempre,
por una travesura, un desliz, un despiste,
tu alocada paliza con la alpargata.

No olvidaré nunca el domicilio infantil,
sabio, exótico como un cuento:
Averroes.

El cartero pregonando a voz en grito
los destinatarios de las cartas
como dulces palomas mensajeras.

En ese mundo me hice mayor.

Ahora me miro y reconozco
que somos una copia idéntica:
genes cansados, gestos imprecisos,
arterias endurecidas, risas contagiosas,
zozobras arrugadas.

He cumplido sesenta años
—qué mayor ya, mi primer hijo—,
me dices, mientras te evaporas
susurrando en el aire
tus coplas flamencas de cigarra.

Cierras los ojos al atardecer
y te duermes con el bullicio
de los pájaros en sus dormitorios
arborescentes.

Cuando me acerco a ti
y beso tu frente pensativa,
me inundas los brazos con recuerdos
de una Córdoba de mujeres tristes
—tu soñada Córdoba—
las mujeres de sombra y ojos negros
de Julio Romero de Torres.

Te gusta venir y sentarte
muy cerquita de tu hijo, para que te escuche.

Me cuentas bajito un secreto.

Con tu voz de aliento mágico
de aceite de oliva virgen,
con abiertas vocales cordobesas
de uva Pedro Ximénez, me dices:
—Ya va llegando la hora para tu madre,
hijo mío, del colorín colorado del cuento.

EL SUEÑO

Mi madre lavaba
en el viejo lebrillo redondo.

Con tus puños descarnados
restregabas el jabón verde sobre la ropa.
La prenda, sobre el lavadero de madera de olivo,
bajo la fuerza de tus brazos,
se iba retorciendo poco a poco
como una culebra herida.

Mi madre como una esfinge
al trasluz de las sábanas.

Su mirada perdida en vastos horizontes.

El crujido de la tela,
colgada en la cuerda del crepúsculo,
sonaba como una débil señal de auxilio
emitida a la galaxia.

Mi madre en trance,
sus sienes de niebla
apoyada sobre la baranda,
su corazón latiendo en el balcón
del infinito océano Atlántico:
brochazos esmeralda, turquesa, azul marino.

Mi madre sentada en la silla
con su temblor de cigarra rota,
muda.

"Tu padre lleva toda la noche
con su borrachera de insomnio por los cuartos,
otra más", me dijo.

Lo imaginé dando puñetazos a las penumbras,
golpeándose el pecho como los gorilas,
rompiendo los retratos familiares
que lo miraban asustados en su blanco y negro,
confundiendo la hora de los relojes
con su runrún de letanía culpable,
el vómito de amargura
que nos gritó durante años:
"¡Yo no tuve nunca un padre
como lo tenéis vosotros:
desagradecidos, desgraciados,
maricones, fracasados!

"Tu madre lava la ropa
en el estanque de las bichas.
Cuando mañana te la pongas
se te irá el sueño para siempre",
me dijo dando voces
en su nube de etílico vapor
flotando por las alacenas,
despertando a mis hermanos
que dormían acurrucados
con los ojos muy abiertos.

Días vacíos, tardes de susto,
mañanas de domingo a la espera
para irnos de perol al campo,
el miedo cerval que nos daba
-el grito aterrado de ¡Ya viene!-
cuando lo veíamos llegar
por la acera de la calle
dando las patéticas eses
del borracho perdido.

Hui.

84

Me marché lejos,
para no asfixiarme.

De un sueño de horror, el suyo,
a mi pesadilla de espíritus familiares.

Bajo la marquesina de alambre
de la parra moscatel,
en el número quince de la casa vieja,
mi madre pespunteaba con hilos de oro
los desgarros de la vida en su mortaja.

Nunca olvidaré las misóginas coplas
del cantaor Pepe Pinto:
"...porque una madre no se encuentra
y a ti te encontré en la calle..",
canta siempre con lágrimas en los ojos.

Aquellas coplas donde el hombre macho
despreciaba a su mujer esposa
ante otra mujer de superior alcurnia:
la mujer de sienes plateadas
que es madre a la vez que suegra,
la más alta cúspide.

Así es como soñaba
vengarse de su hombre,
obligando a que sus hijos,
machos alpha,
hincaran ante ella, la diosa madre,
el pie de sus esposas.

"Por este valle llegará pronto
la primera helada del invierno",
susurró, tocándose el corazón,
como un mal presagio.

"Dejad la vida entera para tu padre.
Dejad que muela su corazón de piedra
el rencor, el rancio machismo
que lleva impregnado en la sangre".

Se fue despacio, de madrugada,
en silencio.

Tal y como vivió.

Con etérea lentitud
fue cruzando las esquinas de las calles,
los rincones de la niebla.

Se fue en un rabo de nube
por la raja del Oeste.

Entonces se me rompió
el viejo dique del llanto
donde guardaba sus lágrimas terribles,
aquellas que me borró la golondrina
de mi infancia.

En el horizonte infinito,
mi padre, como el Dios del Antiguo Testamento
mirándonos desde la Capilla Sixtina,
con su ebria sonrisa satisfecha
nos decía adiós desde la alta proa
de unos cúmulos blancos.

TARDES DE DOMINGO

Todo empezó cuando el niño vivía en la casa vieja,
jugando al escondite con el tiempo
y sus fantasmas.

Con el desgarro de las lágrimas de su madre,
el primer estremecimiento que recuerda.

Una golondrina acrobática
sobre el nido de polluelos hambrientos
las borró de un plumazo.

Pero poco a poco la vida latente
se abre camino y me nació en la carne
un micelio de tristeza.

Esta melancolía cuando va la tarde de domingo
acercándose a la puesta de sol.

Un sentimiento tenaz como la mala hierba.

Rugoso como las quemaduras cicatrizadas.

Un mal sabor en la boca,
una náusea en el estómago vacío,
un nudo que te aprieta de repente
los haces de los músculos.

Algo indefinido no sé dónde,
difuso en la sangre,
una capa de pringue pegada
a las paredes de las arterias,
una arritmia en el tic tac del corazón,
un rumor ajeno y extraño,
un parásito invisible.

Será que escondo recuerdos
como charcas estancadas,
ausencias dolorosas,
las soledades de mi madre
que me sembraron sus semillas,
hasta que tenga el valor de abrirme
en canal con el arado de las palabras.

Esa dolorosa labor ya está hecha.

Ahora toca coserlas unas con otras en un tapiz de hilos amorosos.

Iré hilvanando unos breves pespuntes.

Los domingos infinitos
esperando la llegada de mi padre,
el vidrio opaco de sus ojos,
las guardias en los barrotes de mezcla del cuarto de pila,
el aviso asustado de su llegada,
su andar dando eses de borracho.

El tiempo detenido en el piso diminuto,
hechas las alforjas, las sillas preparadas,
ordenados los cachivaches, la pelota de goma en el bolso,
vestidos de campo para revolcarnos sobre la tierra.

El cuatro latas, nuestro coche,
a la espera en la calle,
a la sombra del olmo centenario.

Nosotros, los cinco hermanos, sentados como soldaditos
sobre el sofá de escay burdeos de tres plazas,
bajo el tapiz de ciervo en su berrea interminable.

Su sillón frente al televisor desde la tarde del viernes,
vacío bajo pena de alpargatazos, a la espera de su llegada.

Serán aquellas veces, muchas, tan tristes,
cuando nos mandaba mi madre a llamarlo,
siempre en la barra del bar
rodeado de su grupo de amigos,
con la copa llena de fino Montilla-Moriles,
el cigarrillo en los labios a lo Humphrey Bogart,
en medio de espesas nebulosas de humo.

Íbamos siempre mi hermano Manuel y yo.

A veces los dos juntos, a veces separados,
como dos pedigüeños con la mano tendida
pidiendo una limosna de tiempo,
un domingo de sol para mi madre,
una tarde de sierra corre que te pillo,
el almuerzo campestre a la sombra de las encinas.

A eso del mediodía bajaba yo,
la primera tentativa de derribar el ebrio muro
con súplicas lastimeras:
—Papá, que dice mamá que ya está todo preparado,
que te vengas para casa.

Mi padre intentaba retenernos en el bar
todo el tiempo necesario con el chantaje
de las máquinas pinballs y los refrescos:
—Ahora mismo nos vamos, pero échate antes una partida
y tómate una Coca-Cola.

Me negaba un poco, al principio,
pero aquellas Coca-Colas grandes
con su azúcar nos embriagaban,
sobre todo a esa edad de estirones prematuros.

En nuestra mesa, para los almuerzos,
solo había La Casera cola, menos dulce,
repartida en cuatro vasos medidos al milímetro
para evitar protestas y tumultos.

Y estaba claro que ningún chaval en su sano
juicio podía resistirse a echar unos juegos
en las máquinas pinballs,
nada que ver remotamente con los videojuegos actuales.

Pero entonces llegaba lo peor:
soportar en el centro del coro de borrachos
los halagos de mi padre entre sonrisas
condescendientes, las bromas obscenas,
las preguntas lascivas guiñando un ojo
sobre novias y muchachas.

—Mi Pepín es el más formal del mundo,
y saca sus estudios con sobresalientes,
y es el mandadero de su madre,
y cuida a su hermano pequeño,
y... -llegaba la pausa temible
con su pícara sonrisa-
no me digáis que no es guapo:
a ver, Pepín, di cuántas novias tienes.

Yo aguantaba de pie,
encendido en llamaradas,
soportando las palabrotas,
las eróticas insinuaciones de sus amigos,
muerto de vergüenza.

Entonces llegaban los refuerzos.

La segunda avanzadilla suplicante.

—Ahí viene mi Manolín,
el más gracioso, y el más tranquilo,
allá donde lo deja su madre sentado
se queda tan a gusto, sin hacer ruido.

—Manolín, pídete otra Coca-Cola.

—Papa, que dice mamá que vayas ya,
que se van a enfriar las tortillas,
decía mi hermano muy serio.

—Que sí niño, que ya voy.
Pero pídete lo que quieras.

—Una mirinda, se pedía siempre.

Allá que nos colocábamos,
uno en cada botón de la máquina pinball,
en un rincón de la barra,
bebiéndonos a morro nuestros refrescos.

Mientras, entre sorbo y sorbo,
repetíamos lastimeros nuestra consigna:

—Papá, vámonos ya, que mamá
y los hermanos llevan toda la mañana esperando.

—Ahora mismo, un minuto. Pediros otro refresco.

Nos ponían en la barra otra Coca-Cola, otra Mirinda,
y seguía el relleno interminable de sus catavinos,
el chasquido de la piedra de los mecheros
prendiendo la llamita de gas para encender
los cigarros.

Otra partida de juegos.

Y seguían sus charlas de amistades indestructibles,
de hombres heroicos esparcidos
por las llanuras construyendo carreteras,
las hazañas de sus equipos de fútbol,
la faena de algún torero que cortó orejas
y rabo sacado en hombros de la Maestranza,
el cuento de las penurias de la vida
entre las densas humaredas del tabaco.

Cansados de juegos de maquinitas,
con las barrigas hinchadas de refrescos,
rota ya, perdida la tarde de domingo,
uno al lado del otro, derrotados,
subíamos despacito la escalera.

Al entrar,
Juan Carlos, Lola y Carmen permanecían
sentados muy juntos en el sofá,
como pajarillos en una rama,
dejando nuestro hueco.

Mi madre, de pie al lado de la mesa,
con la voz rota,
nos preguntaba:

—¿Cuándo viene vuestro padre?

Yo miraba dispuestas las sillas de pescador
para el campo, la mesa de camping,
fría la tortilla de patatas en su cacerola,
los refrescos calientes,
mis hermanos con sus ojos tristes.

Con el alma por dentro hecha pedazos.

—Nunca mamá, papá no va a venir nunca.

Contestaba yo con rabia en el corazón,
tragándome las mismas, las viejas lágrimas de mi madre
aquella mañana en la casa vieja.

Quizá de ahí me viene
la tristeza de los domingos por la tarde de toda mi vida.

Ahora, cuando lo veo silencioso
mirando el infinito con su mirada de turbias cataratas,
sus pies deformes con los ataques de gota,
hundiéndose poco a poco hacia dentro de sí mismo
con el peso de sus ochenta y ocho años,
tan indefenso, tan débil, tan lejano que da pena,
me acerco, le beso la frente y lo saludo:

—Hola papá, ¿cómo te encuentras?

—Hola hijo, bien, aquí sentado.

Pronto nos dejará cayéndose en el vacío de sus ojos,
en aquellas tardes de borrachera.

Se nos irá para siempre
sin haber regresado jamás
de sus mundos de abandonos y penumbras.

La p pequeñita y minúscula que ha hecho tanto daño,
la p de mi padre.

Aquí la dejo escrita con el pespunte de amor
que he sido capaz de poner con mis dedos
temblorosos.

MI HUMILDE HOMENAJE A RAFAEL CEBALLOS

Hubo un tiempo:
los veranos de mil novecientos
sesenta y tantos.

Y hubo un lugar habitable:
un mundo recién nacido
de la madrastra transición,
con el dictador recién muerto
y enterrado bajo toneladas de piedra
en su lúgubre Valle de los Caídos.

La iglesia medieval,
a salvo sus privilegios,
se hizo demócrata ferviente
—como tantos otros—
y nos bendijo.

Las nubes todavía
eran púberes muchachas
y los diarios de prensa
aprendían a escribir
fuera de las cárceles.

El pan nuestro de cada día
del tostado jornalero,
del proletario desarraigado en las urbes,
se horneaba milagroso con el sudor de su frente.

Cuando el humilde mendrugo de pan,
pecado mortal tirarlo al suelo,
era todavía el cuerpo de Cristo
de mano en mano en las misas serranas.

Cada noche las matronas
de la tierra daban a luz un sueño
y lo dejaban oculto
en las páginas de un libro.

Teníamos el deber de descifrarlo.

¡Ay, aquellas lecturas tan apasionadas
que nos daban fiebre,
aquellos aprendices de hombre
con sus máscaras y sus tragedias
en un torpe teatrillo adolescente!

Recuerdo que estábamos todos.

Primero tú, Rafa, como una secuoya
con tus dos metros de estatura.
Eugenio, a solas con su música
y sus rarezas.

El grupo del instituto en la foto amarillenta:
mi querido Quiquín, Pepe Gamero, Paco Molina,
J.R. Blasco, José Luis Espejo -Espejito grande-,
Antonio Rafael -Espejito chico-, Ferre,
yo, abajo en cuclillas, con las sienes arreboladas
y los ojos desencajados.

La excursión cargados como mulas
con mi amigo Bene por el Molino del Batán, por el Manzorro,
por la línea sinuosa de las Cumbres de las Escobas.
La aventura acabada con el diluvio
que nos llevó hasta San Calixto.
Allí nos dio posada y lumbre
el Marqués de Salinas ataviado
de capa y polainas, hasta que vinieron a recogernos.

Recuerdo nuestros viajes al cerro
de la ermita de Belén en las motos aquellas,
los vespinos rojo sangre,
los primeros noviazgos en la penumbra de los cines,
los besos furtivos, las calenturas dolorosas,
los desamores desconsolados.

La noche de luna llena con Pepe Fuentes
dando de beber a los machos de algodón sediento.
Las madrugadas con Juan García abriendo
deltas entre maizales ásperos.

Recuerdo que me llamasteis Micipsa
durante aquel inolvidable sexto curso,
por el rey de Numidia y el diez
que me puso Don José Moya
aquella tarde que traduje
el texto indescifrable de latín.

Teníamos a nuestro sensible pintor,
José Manuel Borrueco,
que me dibujó a carboncillo la silueta
de la gaviota Juan Salvador.

Mi regalo de enamorado adolescente.

A todos nos hervía la sangre
con la locura y los desvaríos de los quince años.

Yo andaba siempre perdido,
de aquí para allá a la búsqueda de un poema,
y cada tarde me subía a la cumbre más alta
para ver el sol incendiar los cerros.

La acampada en medio de los montes
al terminar los exámenes,
el valle del arroyo Guadalora serpenteando
entre frondosas arboledas de almeces y alisos.

Los jefes de tropa Pepe Guadix, Oni.
Las patrullas infantiles: "Lobos", "Linces", "Canguros".

Allí, vivaqueando en viejas tiendas de lona canadienses,
junto al rumor de una fuente de aguas cristalinas,
cada noche se contaba una fábula
al amor de las hogueras,
bailando con el son interminable del radiocasette
que llevábamos a todas partes
con kilos de pilas gordas a retortero:
Pink Floyd, King Crimson, John Mayall, Hilario Camacho,
Carlos Jara, Paco Ibáñez, Carlos Cano, Triana, Serrat, Víctor Ma-
nuel...

Recuerdo la ópera prima de Jesucristo Superstar
que escuchamos en bucle días y noches.

Un mundo de muchachos imberbes,
sucios de vida,
animales hedonistas tendidos
entre los guijarros, quemándose al sol
en la ribera del arroyo,
felices como salvajes.

Alguien gritaba: ¡¡¡fuego!!!,
y todos corríamos en tropel
detrás de las llamas,
seres de luz, elfos del bosque,
cuerpos tiznados, ojos brillantes
como chispas, lúdicos amos del tiempo
en su infancia recuperada.

Han pasado los años,
casi cincuenta, medio siglo,
que se dice pronto.

¡Qué desmesura, qué derroche!

La vida es el molino de piedra
de aquellos sueños juveniles.

Comprendo y asumo con tristeza
que ya no somos los mismos,
que apenas nos conocemos
si nos cruzamos por la calle.

Vivimos con lo que somos
o con lo que tenemos,
que no es lo mismo,
pero allá cada uno se las entienda.

La vida jamás ha vuelto a brillar
con la luz indescriptible de aquellos veranos.

Aquí os dejo mi humilde tributo
para los que han sido
los mejores años de vida
que nos fueron dados sobre la tierra,
los años que viví con mi amigo
Rafael Ceballos y todos vosotros,
juntos, extasiados y revueltos.

Para Rafael Ceballos, mi entrañable amigo

Mi querido Rafael,
te escribo estas cuatro letras
de energía indestructible.

El mismo encabezamiento al dictado
de las cartas de mi madre, las eternas cartas
de mi abuela Dolores escritas sobre la mesa
de la cocina, a solas con su hule estampado.

Las leerás como mágicos electrones
allá donde te tengo,
en el rincón más hondo,
como si hablara conmigo mismo.

Sigo viviendo a la intemperie,
en mi atlas de nubes,
con las sienes llenas de pájaros.

A veces te nombro en silencio
porque tu nombre suena a tardes
de noviazgos adolescentes,
a noches de azahar
entre acordes de guitarras flamencas,
a intrincadas calles judías
rodeando la Mezquita de Córdoba.

A veces me siento desnudo, extraño,
encogido de miedo, y te llamo en sueños,
¡Rafael!, grito, para que venga
mi arcángel guardián a espantarme
el aliento de la bestia.

Ya me conoces.

Algunas mañanas me levanto
y no tengo nada que ponerme.
Llevo rota la camisa del crepúsculo,
deshechas las palabras habitables,
los gestos congelados,
toda la atmósfera alrededor
son llamaradas de sombras.

Son las cosas del querer y del olvido,
tu irreparable pérdida.

Mi amigo:
¡qué solo me dejaste en el mundo!

Vivo como puedo, agarrándome
a la vida con los dientes y las uñas;
tenaz, tozudo como la oruga hambrienta
aferrada a la acícula,
al tallo de yerba,
a la hoja del árbol.

Ardiendo todavía en calenturas de sol
con el solsticio del verano.

Sé que preguntarás
por aquellos sueños que nos contamos
en el hueco de las tardes.

Y del amor...

Amábamos como niños, bien lo sabes tú,
no te rías, que lloramos juntos tantas veces
nuestros desamores tristes.

¿Recuerdas las horas
a la orilla del arroyo
bailando alrededor de las hogueras?

Hechizados seres primitivos,
bestias jocosas, faunos delirantes.

La vida como un acto de afirmación,
con asaltos de nocturnidad,
con alardes de sangre y testosterona
incontenible.

Recuerdo tu mudanza
al retiro de la ribera.

Recuerdo tus gallos luminosos
que cantaban poemas de espasmos.

Tus gallos tristes y soberbios,
mudos sobre la tosca escalera
que fabricamos con ramas
de naranjos y eucaliptos.

¡Qué preciosa imagen
la de las gallinas locas de júbilo,
atropellándose unas a otras
con sus pasos tambaleantes
saliendo del gallinero!

Los hermosos días
cuando te sentabas
para hablar con ellas,
cada gallina con su apodo,
mientras revolvían el barro a tu alrededor
en busca de gusanos y lombrices.

Recuerdo tu adusto perfil,
tu nariz romana y tu mostacho moreno,
eterno el negro cigarrillo Ducados
al borde de tu boca.

El balcón abierto de par en par de tu mirada,
el horizonte deslumbrante de tu sonrisa.

Gracias, Rafael, gracias
por el tesoro incalculable de aquellos años
que guardo repletos de mañanas frescas,
de tardes largas, de noches irrepetibles.

LA HERENCIA

Era agosto en los calendarios de Córdoba:
el aire seco, irrespirable,
la canícula ardiendo entre los álamos.

Cuatro de mil novecientos sesenta.

Era un jueves,
a media mañana.

Quizás me viene de nacimiento,
al borde de la asfixia,
este anhelo irresistible de veranos.

Dado que ni mis padres ni yo
nos buscamos -vine sin querer,
por un simple accidente de marcha atrás,
como tantos por entonces-
se dispuso mi azarosa circunstancia,
el nacimiento terrestre
de un pequeño animal translúcido
que lloraba a grito vivo
al desvestirlo de su placenta,
cuando cortaron el cordón umbilical
para que respirara con mis pulmones
la primera y angustiosa bocanada de aire.

Ese fue mi saludo al nacer:
gritos de terror mezclados con lágrimas
de una trémula criatura, poco más
de dos kilos y medio de polvo de estrellas.

El rapto doloroso del oasis materno,
un recibimiento de llamaradas
en brazos de la soledad cósmica.

¡Ay, si mi madre,
además del oxígeno y el dolor
y las bacterias y el desgarro,
me hubiera transmitido con la leche tibia
su memoria!

Porque entonces hubiera dicho:
¡Un gran paso para la humanidad, sí,
pero a mí qué diablos me importa,
porque tendré que vivir hasta morirme
con esta infame herencia de deudas
y holocaustos masculinos!

Pero aún no era la edad del ego,
el tiempo del alma con sus metafísicas.
Ya llegarían las huecas preguntas más tarde,
en las noches de insomnio.

Escribieron mi nombre
en la página del Registro Civil.

Me lo puso mi padrino devoto
de la vieja falange,
con ceñida camisa azul
y su bigotito estilizado
a lo Clark Gable.

Aunque era otro nombre el que me tenían adjudicado.

Pero mi padrino tenía el poder del dinero,
y puso los cuartos de mi bautizo.

Mi nombre pudo ser el de mi abuelo ludópata,
aquel que se perdió una mañana de naipes nocturnos
y escalofríos de navajas.

Meses después, un pastor de ovejas transhumantes
encontró un esqueleto blanco
con su traje deshilachado y desteñido.
Un títere ahorcado en la rama de una encina
en los cerros remotos de Sierra Morena.

Escribieron en los márgenes:
"Como primogénito del polvo
heredarás el cielo y el sol,
las cumbres y las planicies,
el barco que se mece en la bahía,
la red desgarrada, las marismas verdes,
la gaviota quieta sobre la borda,
la espuma con sus racimos de nácar.

Heredarás el olor primordial
de la lluvia sobre la tierra.

Los milagros de costumbre de la vida
serán tuyos, y todos los derechos,
todos los peajes, todo el usufructo
que pagarán por existir las criaturas terrestres
se ingresarán en tu cuenta bancaria.

Tuya la piedra preciosa,
el carbón, el gas, el petróleo;
tuya el agua,
tuyo el estiércol,
tuyos el aire y las nubes.

La creación entera estará a tu nombre",
dijo el cura en mi bautismo
al derramar el agua bendita
sobre mi cabeza.

Grabado quedó en sacrosanto mandamiento,
en el lacre impreso el sello papal,
porque es él, desde hace centurias,
el representante de Dios en La Tierra,
y los divinos derechos me fueron otorgados
en su nombre con mi fe de bautismo.

Pero la realidad es que, desde que nací,
fui rapsoda de las hembras dulces y calientes
que me enseñaron a conjugar los verbos
en todos los tiempos,
con todos los sujetos posibles.

Y en la herencia terrestre unos pocos
heredaron bahías y latifundios,
y a otros muchos, la mayoría silenciosa,
nos tocó el vasallaje y la servidumbre.

En los primeros años de escuela,
la escuela del movimiento
cantando brazo en alto
el cara el sol por las mañanas,
sólo me enseñaron vacíos, distopías,
horas de tedio en los pupitres cincelados
de garabatos y arabescos.

¡Cuántas horas mordiendo el lápiz oloroso
en tardes aburridas, desmoronando
la goma de borrar en migajas, mirando
revolotear las moscas traviesas!

El mismo hastío antropológico de Machado.

Hasta que llegó
el adorable maestro de mi niñez:
Don Francisco González.

Don Francisco apareció
cuando el niño estaba preparado
para matricularse en la escuela
primaria de la vida.
A él, a la magia de sus labios
que contaban historias,
al respeto y al amor de sus gestos,
a cada mirada suya
que una y otra vez se metía
por dentro de mis ojos
para enseñarme a mirar el mundo.

Don Francisco fue el chamán
que prendió la llamita de sol
por la yesca de mi sangre,
como un fuego subterráneo
dormido en sueños de crisálidas.

Años después, en mis noches más oscuras,
en mi alma brotaron las llamaradas luminosas
de mi maestro Don Francisco.

Tendré hasta la muerte
deudas de versos amorosos,
palabras de gratitud
con el mejor hombre que he conocido,
Don Francisco González.

Luego vinieron los años de bachiller.

Entré en la adolescencia
como llegamos casi todos,
con unas cuantas preguntas
hincadas al rojo vivo sobre las sienes,
palpitando en el corazón
como oropéndolas escondidas.

¿Quién soy yo?
¿Qué sentido tiene la vida?
¿Por qué estoy aquí,
para qué me han traído al mundo?

El cura tenebroso de las clases de religión,
asustado con nuestra fiebre incontenible,
nos dio la primera respuesta
hiriente como un latigazo:
"...por nuestra culpa, por nuestra
grandísima culpa...".

Hiciéramos lo que hiciéramos,
pasara lo que pasara,
todo era por nuestra perversa culpa.

"Trajiste al nacer el primer pecado del mundo",
escribió con tiza blanca en la pizarra negra
con trazos de ira, de rabia furiosa.

Arriba, silencioso, nos vigilaba el Cristo crucificado
lleno de polvo, ausente durante siglos.

¿Cómo se puede cometer semejante
crimen con las parábolas
de la manzana y el árbol,
de la mujer y la culebra?

Soltaba sentencias aterradoras, crueles,
y se quedaba tan tranquilo,
sin el más leve remordimiento.

Y lo peor es que nadie hiciera nada,
ni se detuviesen los relojes
para aclarar los infundios,
todas esas mentiras absurdas,
irrefutables, dogma.

Ahora entiendo que estaba pasando
lo que ahora sabemos,
aunque muchos lo nieguen todavía
o miraran para otra parte.
Imagino el terror en los dormitorios
compartidos de los colegios religiosos,
en los lúgubres seminarios,
en los despachos con olor a cera.

La sexualidad reprimida de unos curas
de sotana tenebrosa, su melosa voz,
su siniestro poder subliminal,
ubicuo y todopoderoso,
rompiendo los sueños infantiles.

Día tras día, noche tras noche,
hasta dejarlos rotos, arrasados
al borde del abismo,
todavía y para siempre
padeciendo terribles terrores nocturnos.

Todo debe salir al exterior,
a las plazas públicas,
en la televisión en horarios
de máxima audiencia,
en la portada de los periódicos,
difundido hora tras hora por todas las redes,
cada hecho con nombre y apellidos
del culpable para ponerle rostro
al fantasma de cada niño, de cada hombre.

Vamos andando por el mundo
en nuestra búsqueda
con nuestros fantasmas a cuestas.

Puede que las religiones milenarias
y monoteístas con sus parábolas venenosas
sean las culpables de que la vida duela por dentro
con ese turbio dolor de fondo:
el Dios inmisericorde que nos destierra
del paraíso de la infancia
—castigada a perpetuidad
la humanidad entera—
por la simple razón de haber nacido,
nuestro libre albedrío soberbio e indolente
de abrir los ojos para explorar la tierra,
de comer el fruto prohibido

del árbol del conocimiento.

Pero dijeron más.

En realidad no se cansaban
de inventar un pecado mortal tras otro:
la sangre con fantasías de fiebre, pecado;
cada palabra, cada olvido, cada omisión,
cada pensamiento, cada duda sobre el orden
y la jerarquía, pecados de confesión ineludible.

La vida,
el incontenible deseo de vivir
era el único pecado,
te señalaban una y otra vez
para quebrar tu amor propio,
tu innata curiosidad
de ignotos horizontes,
tu hambre de sensuales manzanas curvas.

Te crearon por un divino azar caprichoso,
que se te grabe a fuego en la conciencia:
no eres nada, no eres nadie,
apenas un minúsculo pecado viviente.

Eres el antojo de un Dios
que se aburría con su creación
y sopló la semilla del hombre
en el vientre de las mujeres débiles,
las mujeres turbias y malignas,
aquellas viejas brujas de la historia bailando
en sus aquelarres infinitos.

LAS MISAS INOCENTES

Recuerdo el coro de voces infantiles
en la eucaristía de las catequesis,
la alegría simple de las misas dominicales
en el colegio de los Salesianos.

Las bonitas canciones
de verano que pregonaban
por las ondas hertzianas que yo soy el rey,
las fábulas que cuentan
que domestiqué antílopes
y sembré arroces por las marismas,
que inventé la rueda y el cuchillo,
que para soportar el hambre
toreaba el toro cretense
en noches de luna con capas de amapolas,
que bailaba loco abducido por la magia del fuego,
el paganismo desenfrenado de las brujas
extasiadas por la magia de la tierra.
La cultura mítica de mis paganos ancestros.

Pero, celoso, omnipotente, el cura hablaba
tronando la voz de Dios sobre las zarzas ardientes:
amarás a tu Dios sobre todas las cosas,
sacrificarás a tu hijo si te lo pide,
porque para eso mismo has sido creado.

Todo lo demás es herejía.

LA FOTO

Ya es hora de presentaros:
allá, muy lejos, en la foto amarillenta,
el niño en la portada;
acá, sesenta años después,
en la última página,
el hombre de sienes grises.

Frente a frente,
y en medio un mundo de palabras,
la vida entera perdidos,
buscándonos en el vasto universo
el uno al otro sin encontrarnos.

Vivimos juntos, una mezcla de memorias
entre las membranas descosidas del tiempo,
más de cincuenta años, y el espacio impenetrable
de la casa vieja llena de espíritus.

Miro al niño atravesando
las partículas del polvo
en la atmósfera de los cuartos.

Todavía siento el olor demoníaco
de la bestia sobre mi boca.

Miro al niño en éxtasis:
los rituales supersticiosos de la abuela,
las charlas con sus muertos,
el vaivén de la mecedora en el rincón,
los viajes mágicos a lomos de la mula
a los algodonales femeninos,
las tardes de verano
con las redes tendidas a las codornices
sobre los rastrojos.

El niño que vive en esa irrealidad
de las viejas fotos familiares.

El niño que se perdía por las huertas
de naranjos en la ribera del Guadalquivir,
que buscaba hambriento su jícara de chocolate,
la merienda del hoyo de pan con aceite y azúcar.

El niño de los juegos infantiles:
los golpes de canicas
sobre las cunetas de albero,
las guerras de indios
Sioux y Comanches
con las pandillas de otros barrios,
libradas a pedrada limpia
entre carreras y emboscadas.

Doy fe de aquellas escaramuzas
con alguna cicatriz escrita sobre mi cabeza.

El niño que vuelve ahora
cargado de interrogantes.

Que se me aparece de pronto
sobre los versos tristes,
que me emborrona de borrones y garabatos
cada página celeste.

Aquel niño que me busca acechando
por los rincones en sombras,
que me mira en el espejo
con sonrisas congeladas.

¿Dónde está?,
pregunta el niño.

¿Dónde están las aventuras,
los viajes prometidos
por los siete mares de la tierra?

¿Qué nos has traído despúes
de toda la vida en guerra con el mundo?

¿En qué esquina de qué lugar de qué tiempo
me perdiste?

¿Por qué no me ocultaste de la bestia?

Yo me busco en la memoria,
en los bolsillos de los pantalones cortos:
una canica menuda,
un pequeño trompo astillado,
una imagen borrosa,
algún recuerdo podrido
que me infecta la sangre.

Apenas nada más.

Algunos me llamarán cobarde, miedoso,
los que solo saben dar sermones
o emitir sentencias,
pero ha sido el único hallazgo
entre mucho ruido y erróneas tentativas,
mi armadura de piel por fuera
y de candelas por dentro,
mi defensa suficiente
para no volverme loco, infame, destructor:
el silencio sabio y en paz,
mi amigo.

Ahora lo sé, ahora lo conozco:
el adorable silencio de mi abuelo,
la suspensa asignatura
repetida tantos años.

¡Cuánto trabajo y cuántas noches
me han hecho falta
para aprender a guardar silencio!

Toda la vida para soltar el odio,
la ira venenosa, la rabia incontenible,
el sinsentido enloquecedor,
tantas noches de fiebre
hasta tomarme la medicina sanadora:
perdonar, primero al mundo,
y después, lo más difícil,
ir poco a poco
perdonándome a mí mismo.

Así que me armo de coraje
y me asomo al espejo
cada madrugada
con lo que me queda suyo:
la imagen de un hombre
que ha perdido incontables batallas,
quebrado, medio roto, pero que aún se levanta cada día
y sigue andando invencible.

Este oficio de vivir entre penumbras de sol.

Sólo eso me queda del niño que fui
en los rincones profundos del alma:
de pie sobre la silla de eneas,
el retrato de su mirada oscura
con su botijo de barro
en su patio de realidades mágicas.

EL NIÑO

¿Recuerdas el día?,
me pregunta el niño.

Fue un cuatro de agosto
de mil novecientos sesenta.

Aunque en mi partida de nacimiento
escribieron el día seis con la adornada
y curva caligrafía decimonónica,
por la tardanza de mi padre
en inscribirme en el registro
y el temor de mi abuela,
—supersticiosa siempre—
a que nos pusieran una multa.

En la calle el niño me mira triste, fíjamente,
mientras juega al escondite entre las cosas.

La misma criatura
que me encuentro cada mañana
cuando me asomo a la puerta.

El niño de harapos sucios,
de rodillas llenas de costras
—como un burro viejo,
me reprochaba mi madre—
dándole señas a extraños
a saber de qué historia,
a saber de qué pecado
turbio e inconfesable de mí mismo.

Las víctimas acaban creyéndose
que llevan el mal por dentro, latente,
respirando por la herida
que no se cerrará nunca.

El niño de pie sobre su silla
en el patio rodeado de plantas.

Aquel patio que fue el centro del cosmos,
el agujero negro que me absorbe
segundo a segundo.

MI CASA TERRESTRE

Construí mi casa terrestre,
sesenta y dos años a orillas del Guadalquivir,
como todo ser humano ha hecho
tras respirar la primera bocanada de aire:
con las manos rotas a la caza del bisonte,
del jabalí armado de navajas,
pintando las paredes de ocre y ceniza
que conjuren el milagro,
la elipse de las lanzas y las flechas,
labrando las llanuras de aluviones
para sembrar simientes,
domesticando uros salvajes
con revolcones y cornadas en las ingles.

La primera necesidad
fue quitarnos el hambre primitiva,
el miedo a la intemperie.

Después, con la barriga llena,
nos vino el ansia de poder,
la búsqueda del Dorado
cueste lo que cueste,
caiga quien caiga,
incluso La Tierra misma.

Con las civilizaciones
orgiásticas en sus Torres de Babel
para ocultarnos de los dioses
llegaron los siete pecados capitales
con sus becerros áureos:
la lujuria, la soberbia, la ira,
la envidia, la avaricia, la gula y la pereza.

¡Todos nombres femeninos!

¡Qué curioso!

120

Mi cultura son eras de matanzas,
bibliotecas reducidas a cenizas,
siglos de oro y renacimiento,
la poesía y la ciencia
poniendo celemines de milagros,
calenturas de fiebre,
brazadas de ardoroso misterio a la vida,
porque para el cero absoluto ya tenemos
la eternidad entera por delante.

La vida es andar muchas leguas de vagabundos,
horas ingentes de arados de vertederas,
labores de sol a sol;
testudes embistiendo a cabezadas,
una vez y otra hasta ganarnos la vida
y el derecho a morirnos en paz,
orgullosos, felices y satisfechos,
sabios por viejos y por demonios.

Aprendí a hablar de boca en boca.

Con palabras balbuceantes creé mi propio abecedario
para nombrar el mundo, escribí renglones borrosos
para contar las mercaderías,
la erosión de los aguaceros,
la llegada del solsticio.

La primera letra fue mi Madre,
la M mayúscula:
el Mar, las Mujeres, la Materia,
la Matriz, el Mundo, el Milagro.

La segunda letra fue la A mayúscula:
mis Abuelos, los Amaneceres,
el Agua, la Alegría,
las Acacias dulces.

La tercera fue una letra mórbida,
hiriente como cuchillo,
la p minúscula: la pérdida, el pozo,
la pena, el peligro, el perdón, la parranda,
las pesadillas y las penumbras.

El hueco, la punzada de la "p" dolorosa de mi padre.

El relato entre lágrimas
en las brumas de sus borracheras
de su infancia de hambre y soledad,
aquella madrugada desenterrando tubérculos
con su hermano Manuel a punto de morirse
con la carne cuajada de escarchas,
su maldición de ahorcados y tahúres.

Mi padre hecho trizas.

¡Qué miedo la mirada ebria de sus ojos!

Mi padre infectado por el eros
ególatra de los patriarcas bíblicos.

¡Cuántas tardes lo vi leer el Antiguo Testamento!

Puede que anduviera buscando
su perdón y su penitencia.

¡Que su Dios absoluto lo perdone!,
dado que al mío no puedo invocarlo,
porque no existe.

Pero yo sí, padre,
en lo que a mí respecta, yo te perdono.

Mis hermanos tienen, cada uno,
sus propias cuentas pendientes.

¡Te vi subido horas infinitas
de trabajo al sol impenitente
sobre la vieja apisonadora alemana,
haciendo calles y carreteras!

Nos diste todo lo que podías darnos,
menos tu amor,
que se quedó perdido
en aquella encina remota.

Tengo que seguir viviendo
con todo mi equipaje de otoños
y soltar el lastre de tu culpa,
porque las culpas pesan como astros
y con las mías ya tengo bastante.

Te dejo ir río abajo con la corriente.

Crecí como pude, aprendiendo
a fabricar argamasa
primitiva para pegar mis pedazos:
los tizones humeantes de los braseros,
el sudor esencial de los niños
jugando por los barbechos.

A la espera de que la masa madre del tiempo,
que todo lo cura, obrara el milagro.

Me hice fuerte jugando con las pandillas
alborozadas.

Días calurosos, infinitos,
hasta que apretaba el hambre
y subía pedigüeño a por la merienda:
el hoyo de pan con su miajón
empapado en aceite de oliva y azúcar.
Nos lo comíamos con hambre,

ansiosos, mientras entre los dedos,
por la cara, por los brazos y los muslos
nos caían chorreones brillantes.

Carreras infantiles entre polvaredas
jugando a nuestros juegos inventados:
la lima, acabada la lluvia,
con la tierra esponjosa;
los toreros con sus dibujos de colores
en las cajas de cerillas
que nos jugábamos a la chapa;
los destellos de sol de las canicas,
el tú la llevas, los carabineros.

La emoción incontenible para mi juego favorito.

¡Ay, el trompo, atado con su apretado zumbel
y lanzado de punta con todas tus fuerzas
a la olla circular dibujada en el suelo,
donde otros trompos castigados
permanecían tumbados de panza
a la espera del golpe!

Con los juegos pandilleros
y las historias de la abuela
sobre el fantasma del castillo de Almodóvar,
levanté las paredes de mi casa.

El cuajo lento de la arena, la cal,
el cemento y la lluvia de los otoños
sobre los bosques de quercíneas,
sobre las tiendas canadienses
en las acampadas juveniles
de los Scouts.

Por las rendijas de las noches,
las pupilas ensangrentadas del lobo
me miraban desde las sombras.

La plomada vertical
la puso el maestro de tu niñez,
Don Francisco González.

Los caballones del alumno estaban
labrados y esponjosos, fértiles para recibir
sus simientes de lecciones prodigiosas.

Con su paciencia infinita
levantó muros y defensas,
las alfarjías en el vacío
para sostener los tejados,
el arquitrabe de los sueños.

Hasta dejarme con ternura
y mis diplomas de honor al borde
abrupto de la adolescencia.

Luego vinieron grandes sabios,
mis inolvidables maestros del instituto.

Don Jesús Valencia, catedrático de literatura,
que te abrió el mundo de los libros
de su propia biblioteca.

Las lecturas asombrosas
con su comentario de texto correspondiente
que te puso de tarea cada curso.

Tantas y tantas que llegaron después
con el hambre que te abrieron los mundos mágicos
de "Cien años de soledad",
del eterno Gabriel García Márquez.

La embriaguez del descubrimiento
de Don Quijote y Sancho Panza,
la parábola quijotesca del mundo.

Don Antonio Montero
y sus filosofías narradas como los cuentos.
Santiago Moncalian,
que me hizo durante un par de cursos
amar las matemáticas,
la armonía de las esferas celestes,
y aprobarlas con notable alto.

Conchi, la delgada y adorable profe de Historia,
de la que unos cuantos muchachos imberbes
andaban errantes por los pasillos
enamorados hasta los huesos.

Aprovecho la ocasión,
dado que aprendí el tesoro de la gratitud,
para dejar aquí constancia:
os quiero con todo mi corazón,
mis amados maestros.

Luego vino el tiempo inefable
en la facultad de Filosofía.

El amigo irreductible, las huelgas,
las carreras delante de los grises,
las noches y las rondas.

A los veintitantos años nos creímos
hombres con cimientos recios y profundos
para vivir a la intemperie.

Allá que me fui a buscarme la vida.
Llegué andando feliz una noche
de Junio con mi mochila a la espalda.

Era un pueblo de costa repleto de veraneantes,
con su malecón donde amarraban grandes buques
que partían hacia rumbos desconocidos.
¡Qué preciosa estaba Denia
antes del corrupto boom inmobiliario!

Tenía mi pasaje en el bolsillo
y el hatillo de ropa sobre el hombro.

La mar en calma, esperándote
con los brazos abiertos.

¡Qué hermosa, qué ligera es la vida
cuando el equipaje es uno mismo!

Vivir desnudo, andar descalzo,
porque las alforjas vienen
con las hojas caídas de los almanaques
y los naufragios.

Pero ahí me quedé,
atado al borde del crepúsculo.

Me encandiló la espuma de las olas,
la belleza de los cuerpos dorándose al sol,
los paseos sobre la arena.

Sentado en un banco
devorabas un libro tras otro
mientras te ganabas la vida
con múltiples oficios,
como un Paul Verlaine enamorado.

Dejaste de buscarte, de conocerte,
de aprovechar vientos y mareas
para descubrir nuevos mundos.

Hasta que un día aparecieron por el horizonte
tormentas desaforadas.

Perplejo a tu orilla silente,
mirando el infinito con tu manojo de versos
sobre los renglones de los tardes.

LA VIDA

La vida era una guerra de mentira
cuando jugábamos de niños.

Alguien contaba al revés, del diez al uno,
con los ojos tapados, de cara a la pared.

Mientras duraba la cuenta atrás irremediable,
los demás corríamos como locos a escondernos.

Cada cual buscaba un escondite:
en un armario quejumbroso, bajo las camas,
entre la bruma de una mañana de invierno,
oculto entre las sombras de los cuartos,
tendido entre los matojos,
agarrado a un árbol,
bajo las paredes curvas de la acequia.

Si te encontraba la muerte,
aunque te rozara una brizna,
estabas muerto.

Te tocaba entonces la cuenta atrás
y buscar a los vivos ocultos entre las cosas.

Ahora que la parca se me acerca
más cada día, un paso más cada segundo,
me voy quedando sin escondrijos.

El momento tan terrible que lleva
toda la vida dándome sustos,
despertándome en medio de la noche.

Cuando mañana,
de una vez por todas,
ya no amanezca.

Mi noche de amnesias absolutas.

Viviré hasta ese instante
en que la vida me diga:
"Basta, se acabó.
Llegó tu hora. Vete despidiendo".

Se me borrará la antorcha indestructible
de mi hijo Rubén, guerreando cada día con sus tormentas
y sus aullidos profundos, sin rendirse nunca.

Se me borrará la luz de mi amada Nicoleta,
el azulillo indescriptible de su ojos oceánicos.

Se me borrará la belleza indómita
de mi hija Andrea, su hambre ardiente de mundos.

Se me borrarán mis padres, y mis abuelos,
y mis hermanos, y el enjambre de primos terrestres.

Se me borrará la mula mágica surcando las llanuras,
y las mujeres jocosas, y las redes sobre los rastrojos,
y las codornices asustadas.

Se me borrará la dulce compañía
de mi amiga Gloria por los paseos adolescentes
junto a las tapias del cementerio.

Se me borrará mi amigo Antonio,
las mañanas de gimnasia junto al río.

Me sentaré con mi amigo Rafael
para mirar juntos sus gallinas alocadas,
sus gallos iridiscentes y soberbios.

Estaré en el Sur y será Octubre,
tal vez noviembre.
Dejadme elegir mi propia fecha,
aunque luego ella vendrá
cuando se le antoje, allá dónde le dé la gana.

El temblor de las hojas marcescentes del quejigo
sobre la ribera del arroyo.

El largo plano secuencia de los árboles
de nuestras acampadas
fundiéndose a negro,
muy despacio.

Me quedaré a solas,
entre las brumas,
en brazos del éxtasis,
turbio marinero escuchando los cantos
de sirenas del opio.

Tendré huesos agujereados
silbando en el labio del viento.

¡Qué hermoso que suene música
dentro de mí cuando me vaya!

Cuando sea un viejo perseverante
con su báculo y sus historias,
con su porte de dignidad
y sus andares torcidos:
la artrosis, la lumbalgia, el reuma,
las viejas quebracías
entre la borrosa memoria.

Cuando los acúfenos campen
en los caracoles de mis oídos:
el gato de Cheshire con su dulce ronroneo,
el murmullo de la vida,
el oleaje de fondo del universo curvo.

La luz se mirará por última vez
en el cristal opaco de mis córneas.

Me tocará con delicadeza,
para no despertarme de mi sueño hipnótico.

En voz baja la vida me dirá,
para que nadie más la escuche:
¡Ya puedes irte. Suelta todas tus amarras!

El ajetreo seguirá intacto en todas partes.

Los bares del mundo seguirán abiertos.

Alguien quizá me recuerde en juventud:
orgulloso animal persiguiendo anhelos y orgasmos,
tendiendo redes mágicas al sol
para cazar bandos de palabras palpitantes.

Que en noches de luna llena
fui un licántropo transmutado en hombre
que paseaba embrujado por la judería de Córdoba.

Que disfruté de los placeres carnales,
en el paladar latente todavía el gusto
de la última gota de un viejo tinto Gran Reserva,
el amargor de madera de un Montilla-Moriles,
la sal de tu vientre marino,
cada tierno bocado de tu cuerpo.

El dolor de la vida
con su rum rum de motor averiado
dará su última explosión.

Se oirá un golpe
en la junta de culatas de mi pecho,
como una tos cósmica,
y mi corazón se parará para siempre.
De los 2.860 millones,
560.000 segundos afortunados de una vida larga,
en el último segundo de mi cuenta atrás,
me confesaré a mí mismo
todos los pecados que oculté
en las misas adolescentes.

Se me vendrán a la memoria

los rostros,

la música del viento,

las hogueras lácteas,

las palabras ardientes,

los abrazos de anacondas,

los cuerpos femeninos,

amores y desamores juntos y revueltos,

la alforja desgarrada de la historia,

el néctar mágico de los labios,

los planetas habitables de las miradas,

las uves de los pájaros en las puestas de sol...

Mi mosaico de recuerdos,
congelado sobre la bóveda de mi calavera,
se borrará lentamente
en el alma vacía del cosmos.
Hasta se borrará la sombra de la bestia
que me observaba desde el espejo.

Ahora sí,
el último y sagrado instante
de esa pizca de luz y esa mota de polvo
que bautizaron con mi nombre y apellidos.

AÚN GUARDO

Por los rincones del alma
tengo viejas sombras arrastrando
sus mortajas de polvo,
cadenas de herrumbre
con el peso atómico de las culpas.

Ya viví mi estación de penitencias,
más de treinta años,
y ha llegado la hora de perdonarme.

Voy a confesártelo todo,
sentada al otro lado de la página,
en la penumbra del poema,
porque ya te dije que te abriría
de par en par mis entrañas.

Fueron cuatro palabras, cuatro solo,
apenas cuatro sonidos.

Aquel día que dije:
"Me voy.
Se acabó".

Sentí un crujido por dentro,
como un desgarro en la carne.

Tengo grabada a fuego una quemadura en la frente:
la mirada perdida de mi hijo de quince años,
incapaz de mirarme a los ojos.

Cogí mi hatillo de ropas desgastadas,
unos cuantos libros amarillentos,
algún sueño superviviente,
mis despojos, sin volver la vista,
y cerré la puerta.

Bajé los escalones y me dio
un vahído, un escalofrío por la columna,
un mareo.

Tuve que apoyarme
en el quicio de la puerta.

Estaba fría, aunque el frío estaba en mí.

Yo era pura escarcha.

Cerré los ojos para recuperar el resuello.

¿Qué más puede hacer un hombre
cuando una mujer alega la supremacía
de su vientre?

Nada más que aceptarlo,
y marcharse.

O hubiera sido una lucha cuerpo a cuerpo,
de tierra quemada, de puentes rotos.

Y a mí ya no me quedaba más hechura de hombre
para soportar un segundo más de guerra,
otro instante de soledad en el alma de mi hijo.

Firmé mi rendición sin condiciones.

Fui dando un paso tras otro,
contándolos para darme fuerzas, hasta perderme
en el horizonte agarrándome las tripas dolorosas.

Quince años más viejo,
quince años más triste.

Siguieron después aquellos lechos sórdidos
de olores extraños donde buscaba
una mujer irreal que era siempre la misma,
porque yo seguía siendo el mismo.

Cuesta un mundo,
una vida entera descubrir
entre hecatombes cotidianas
que sólo llevamos duras y paralelas,
solitarias vidas que convergen,
apenas durante la milésima de un segundo
del fulgor de una cerilla,
en la suerte del abrazo embriagador
de otro ser humano,
trémulo y muerto de miedo,
perdido en el mundo como tú y como yo.

Nadie ha nacido para salvarnos
y nunca seremos salvadores de nadie,
como no sea de ti mismo.

Alguien escribió con tinta negra
sobre una pared de cal:
"Todos los seres que amas
se irán tarde o temprano".

Sé que me fui para salvarme,
que solo podía salvarme yo,
sin más remedio.
Mi cuerpo me lo pedía a gritos dolorosos,
a golpes de sueños, a sustos de muertes imprevistas,
con noches de angustias y taquicardias.

Pero no puedo dejar de sentir
que dejaba a mi hijo en la misma soledad
que yo había abandonado.

Solo y a su suerte.

Ese es mi pecado imperdonable.

Mi pecado cobarde, aunque no he sido capaz
de ponerle nombre a mi cobardía.

Ese es mi segundo agujero negro
que me absorbe con su principio de incertidumbre
y su tristeza.

TU CONFESIÓN

Sesenta años,
sesenta veranos de mi Córdoba "alyana",
tiempo de siestas y burbujas de canículas,
de incendios de pinares repoblados
y coscojas brillantes.

Dehesas de encinas y alcornoques
donde pastan ciervos bajo el zureo monótono
de las palomas torcaces, del mantra lejano del cuco,
del guarido incesante de los jabalíes omnívoros.

La frescura de las casas de cal.

Lomas de cortijos blancos
entre tupidos tapices de las jaras pringosas.

Viejos jornaleros sin tierra de Blas Infante
abrasándose al sol de las llanuras.

Hoy enjutos magrebíes, romaníes cetrinos,
senegaleses azulados, etíopes luminosos.

Años más que suficientes
para detenerse ante la mirada del espejo
a rendir cuentas contigo.

Tiempo de quietud,
la alforja abierta sobre los hombros.

Mañanas para sentarme sobre la arena
mientras la espuma me lame los pies descalzos.

Desnudo,
sin huecos atributos,
ni falsos celajes,
rota por los senderos
la camisa de la culebra bastarda
de mis vanidades.

Escritos sobre la piel
los tatuajes de todas las guerras.

A mucha honra.

El tiempo perdido doblado
entre las arrugas.

Bajo la bóveda de la noche
tenderse sobre los guijarros
a mirar los caracoles de las galaxias.
Verás qué pequeñito,
qué insignificante eres.

Tu ardiente corazón
dichoso y feliz porque sigue vivo,
pertinaz con su arritmia
entre sístoles y diástoles.

Reconocerte sin pánico,
sin pena ni culpa,
llamando a las cosas por su nombre.

Ojalá te sientas bueno,
en el buen sentido de la palabra,
como decía el poeta.

¡Qué grande si dijeran de ti:
"Era un buen hombre!

Inténtalo.

Hazte la pregunta sísmica
y comprueba —apenas unos cuantos
en la historia lo han hecho—
si aguantas de pie,
enhiesto sobre la terrible verdad
que te digas a ti mismo.

Tu zurrón de semillas sembradas,
las ofrendas de tus labios,
tu voz de hielo o de candelas,
la paz de tus ojos cuando mirabas
de frente a otros ojos;
el espacio temporal
que regalaste a tu vecino,
o al extraño; tu mano en labor
de ternuras, de caricias,
jamás empuñando una navaja,
ni causando un rasguño,
ni dando un golpe con la quijada.

Si me apuras,
admitiremos la gota de sangre
sobre la yema
al decapitar la rosa
que besaron sus labios.

Tu efímera estancia sobre la tierra,
¿ha servido para saciar
el hambre injusta,
la sed impune,
acabar con el miedo puro,
con la soledad infinita de un niño?

No me contestes.
En silencio, a solas,
contéstate tú mirándote al espejo.

ENAMORARSE

La luz se enredaba en tu piel por la mañana,
cuando paseábamos junto a las viejas tapias del cementerio.

Yo te seguía mudo, arrebatado,
perdido entre las mareas azules de tus ojos.

¡Ay, tu larga melena rubia ardiendo
en llamaradas de sol!

Recuerdo irme vagabundo
por la blancura de tus brazos.

¿Dónde estás,
en qué piensas?,
me preguntabas,
mientras yo ardía
en fiebres imprevistas.

Tan poco tiempo teníamos
para contarnos las cosas,
que las palabras venían en tropel
como pícaros duendecillos
mordiéndonos la lengua.

Corrían fugaces detrás unas de otras
atropellándose, los verbos con los nombres
y los adjetivos con los adverbios,
sin respirar, sin pausas de comas
ni de puntos, apenas con espacio
para decirse en el recreo de la mañana.

A veces,
en el descuido de un punto y aparte,
se me iban los ojos sin querer
a la humedad de tus labios,
a la ingravidez de tus pechos
de perfectas elipses.

No te dabas cuenta que el corazón me daba brincos
y mis células impetuosas gritaban
las sílabas de tu nombre tan alto, tan fuerte,
que yo temía que se me escapara una caricia,
un gesto fugaz, una mirada.

¡Cuánta sed de ti, cuánto deseo,
cuánta hambre de tu carne láctea!

Descubrí con dolor que tu cuerpo
giraba entre dimensiones inabarcables,
que tu voz me arrastraba hipnotizado,
que cada segundo al borde de tu gravedad
pesaba como las eras terrestres.

Por la noche, exhausto,
a solas con mi insomnio,
me daba vueltas el vértigo
y me mordía entre las ingles
una araña turbia,
alucinógena.

Recuerdo sentirme la boca
como anguilas eléctricas,
el pecho trémulo de escalofríos,
las sienes presas de fantasías,
la piel arrasada .

Roto, rendido, enamorado,
me dormía al amanecer
soñándonos en abrazo constrictor de anacondas.

LA VIDA QUE VIVIMOS

Es medianoche.

En medio del insomnio tengo tiempo,
todo el tiempo del mundo
para hacer balance de las cosas.

Deshago el equipaje de alguna alforja,
me tomo un analgésico para calmar
el viejo dolor de la vida
encriptado en los nervios,
en la artrosis latente,
en el picor de la memoria.

Entre las páginas de los libros
miro las postales de los viajes a ciudades vacías,
sin alma.

Saco de los desvanes los poemas
garabateados, llenos de tachaduras.

Desdoblo arrugadas, borrosas hojas amarillas
escritas a lápiz.

Contemplo con calma viejas fotos
en blanco y negro.

Las miradas que huían
por el punto de fuga del horizonte.

La aridez de los labios.

Con latigazos de nocturna lucidez
calculo la usura, la avaricia,
la conjunción matemática de los roces,
el secreto de las ausencias,
el invierno repentino de las pupilas apagadas,
el cuchillo acechante en el tono de una voz,
el doloroso paréntesis de tu silencio,
o el mío.

Ahora que las horas que se fueron
son las más tristes,
que mis días serán tus noches
y amanecerá en mi balcón
cuando tú te duermas.

Ahora que nos quedan
las palabras desnudas,
sin tu boca de opio,
ni tus manos incandescentes
que detenían el tiempo.

Ahora que viene por la noche
la soledad con su mano tibia
a posarse cariñosa sobre mi hombro.

Ahora que la vida tiene
las dimensiones exactas
que ocupó a mi lado
el hueco de tu cuerpo.

Ahora hago las cuentas
y ajusto el balance de nuestra vida juntos:
el valor de cada transacción firmante,
la estrategia diaria, la puja,
la inversión de espacio y de tiempo,
la huida o el juego contra las costumbres,
las verdades y las trampas,
las mentiras y los chantajes,
las equidistancias heridas,
la podredumbre de los complejos,
el olvido del detalle, el tesoro del cuidado,
la baza ganadora, el órdago, el farol de la última jugada:
a todo o nada, que jugaste
siempre.

En resumen,
hago las cuentas del amor perdido,
suelto amarres y culpas,
a toro pasado, la liebre huida,
y viviré cada segundo de este presente regalado,
aquí y ahora,
jamás volveré al ayer lejano o al mañana difuso:
nunca.

Las pérdidas dolorosas
que el tiempo ha mudado en ganancias.

LA REALIDAD

Existir, lo que se dice vivir en plenitud,
como si fuera la única vida que tenemos,
solo está al alcance de unos cuantos,
muy pocos que yo conozca.

Mejor será que hablemos de simple subsistencia.

Sobrevivir en enjambres distantes de soledad.

Aquí, en el lado
bueno del mundo,
donde vivimos los pobres afortunados,
los impunes supervivientes egoístas.

Vamos a contarnos todos sobre La Tierra.

Unos cuantos, las clases medias silenciosas,
arañando para no perder su asegurada esclavitud,
resistiendo a base de etéreas imágenes y somníferos.

En la otra orilla de la mar océana,
entre las brumas y albañales,
multitudes hambrientas que no tienen
donde caerse muertos,
apátridas seres humanos
que tienen la soberbia impertinencia
de venir a ahogarse sobre la arena,
justo al lado de nuestras sombrillas,
de nuestros chiringuitos de cócteles exóticos
y música Chill out.

En las alturas,
desde sus atalayas opulentas,
unos pocos nos contemplan displicentes
—apenas el uno por ciento—
dedicados al derroche, con su usura a destajo,
a las charlas sibaritas,
al robo y al desvalijo de los bienes comunes.

Todos, unos y otros,
ricos elegantes vestidos de Dior
y pobres asalariados con las prendas de Primar,
insensibles al naufragio de la patera,
al hambre asesina.

Mirad nuestras praderas de golf
con sus lagos esmeralda
y sus aspersores regantes
encendiendo arcoíris
a la orilla del desierto.

Mirad detrás de las alambradas
cómo nos miran los ojos desencajados
de los parias terrestres.

Todos, a cada cual según le corresponda,
criaturas inconscientes al borde del abismo.

Aguantando el estupor de la pérdida
de una especie tras otra.

Persiguiendo la estrella fugaz del orgasmo,
la seda sublime, del manjar exquisito.

Temiendo la caída en el olvido del Alzheimer.

Untando cremas de porcelana en nuestras arrugas.

149

Asustados con el tic tac del infarto
a cada segundo.

Cada quien resistiendo en sus azúcares cotidianos
a falta de cariño y esperanzas.

Yo, por mi parte, defenderé con uñas y dientes lo mío:

mis paseos por la orilla de las tardes,

mi receta cotidiana de frescas madrugadas escalando cerros,

mi adicción solar desde que nazco,

hincarme en las venas transfusiones de sol.

Dejadme mis tareas de versos humildes,
mis veranos de bombero forestal
cuidando amapolas, derramando lluvias
sobre las arboledas incendiadas.

Dejadme andar leguas, caminos solitarios,
correr por senderos, nadar en arroyos fríos,
practicar ascéticos ayunos que me limpien las tripas,
estudiar el Tao para ordenar mi mente,
hacer vivac en la sierra para entrar en la oscuridad
de mis cuartos.

Dejadme vivir cada acto irrepetible:
la semilla con sus siembras,
la carne del animal caliente,
la chispa del café de los trópicos,
la ebria uva para el brindis, o el olvido,
la leche de la galaxia cuando beso
tus pechos ingrávidos.
Dejadme mis lecturas hasta cansarme los ojos,
hasta perder la vista.

Mi vieja costumbre
de urgencia desesperada
del lector empedernido
buscando un renglón
sobre la tablilla de barro,
un papiro de la orilla fangosa
donde alguien dejó escrito el secreto,
el abracadabra, la fórmula.

Dejadme el cuento de mis cambios trashumantes:
de la llanura seca de rastrojos a los vergeles húmedos,
de la ascética soledad a la ebria locura del festejo.

Dejadme mis contradicciones y a cada cual las suyas,
porque todos somos vidas impermanentes.

Cristiano fui, y libertario evangelista,
algo de hippy quise ser en sus comunas libertarias.

Al día siguiente, sin embargo,
tras el nocturno onanismo incontenible,
me confesé patético católico arrepentido.

Me comprometí con el Socialismo,
la Teología de la Liberación
o las catequesis a los chavales
los sábados por la tarde
que daba con Antonio,
mi mejor amigo.

Atravesé mi desierto
llegándome a descubrir panteísta
en psicodélicos viajes a bordo del cáñamo,
alumno del brujo yaqui Don Juan
en la realidad aparte
de Carlos Castaneda.

Un día sentí, iluminado,
todo el sufrimiento del mundo
en la conciencia de Buda.

Desde entonces busco
el principio de incertidumbre
de la existencia.

Arrojé los dados, jugué mi baza
imperturbable, aguanté las cornadas
de mi toro bravo de penumbras.

Soy un afortunado superviviente
dejando por escrito mi milagrosa subsistencia.

Y aquí seguiré hasta que llegue mi hora,
en mi morada terrestre,
absorto en la magia de mis juegos cuánticos.

MIS MILAGROS COTIDIANOS

Mis recetas de momentos dulces:

la abubilla con su onomatopeya,

en la hondura del valle,
el cuco invisible dando la hora exacta,

mi padre y yo cogiendo espárragos
por las dehesas luminosas.

Reliquias, trazos de nubes,
calambres de mis neuronas
atravesando la carne emocionada.

Cada ingrediente de la huerta
para cocinar los guisos esenciales:
el sol, los sonidos del mundo,
el lugar, el instante, tú y yo
pochando a fuego lento
el caldo de los verbos ineludibles.

Ser, estar, respirar,
abrir los ojos, la piel
como una vela extendida,
amar con todas las mareas,
surcar los mares a brisa lenta.

1
Aromas, efluvios de pan horneado
en las madrugadas.

Luz de la vieja tahona
entrando por el postigo entreabierto
de los párpados.

Aromas de la vida
impregnando el sueño.

El gallo de alambre con sus llamadas,
su espasmos de kikiriki percutiendo la aurora.

2
Mi madre abría los ojos
entre los encajes de la soledad.
Cantaba su copla de cigarra herida
y espantaba las sombras de la casa vieja.

3
Reflejos de luz por las paredes de cal,
visillos de penumbras por los serrerías,
la masa madre del tiempo haciendo magia,
los patios con sus puestas de huevos gigantes.

4
Levantarme temprano,
con los ojos llenos de telarañas.

Llegar corriendo a la cocina bulliciosa.

Gente animada, bullanguera.

El vapor amargo
del café ardiente, la obsidiana brillante,
el tazón migado con pan
para el desayuno humilde.

El aroma untuoso de las gachas.

La carne iridiscente de la manteca
en el cuenco de barro.

El pegajoso olor a ubres calientes
que rebosaba la cacerola
donde hervía el celemín de Vía Láctea
recién ordeñada por el abuelo.

5

Correr como animalillo ocioso,
el éxtasis de los juegos
por las calles de tierra,
por la ribera del río,
por los patios emparrados:
el tú la llevas, el escondite, las canicas,
los carabineros, la lima,
el trompo y los toreros.

6

Mis tiernos gusanos en su caja de cartón,
su hambre voraz de hojas de morera verde,
sus capullos de seda indestructible.

Mis gusanos de patitas curvas
que yo criaba con devoción religiosa
en la primavera.

Aquella cajita de cartón
donde la vida me daba lecciones prodigiosas.

¡Ay, aquel divino tesoro de huevos
como latentes mundos diminutos!

7

La mano de duro sarmiento del abuelo
llevándome en volandas
por las horas resplandecientes,
como lazarillo de sus faenas interminables.

El filo irisado del hocino
decapitando remolachas dulces
sobre el viejo tronco de encina,
hendido de tajos, roto a cicatrices.
El triángulo de su cuerpo
sobre la guadaña curva,
el silbo del viento en la cuchilla
al cegar la alfalfa,
la mala yerba tenaz y persistente
sobre los machos.

Aquel olor a clorofila,
a sabia vegetal
impregnando el aire.

8

La imagen del abuelo
sentado en cuclillas
en su taburete de corcho.

Sus manos poderosas rodeando las ubres
—el pulgar doblado en ángulo recto—
el tirón rítmico, uno cada vez,
que provocaba el chorro lácteo de espuma
sobre el barreño de zinc
abajo entre sus piernas,
vaporoso y caliente,
con su aroma empalagoso a bóvido manso.

9

Todas las veces, muchas, que intenté
despertarme por mi cuenta,
como un trabajo de hombre,
para ver nacer el sol por la raja del Este.

Lo intenté día tras día.

Pasó julio y se fue agosto.

Hasta que una mañana de septiembre
desperté y era el alba todavía.

Salté de la cama
y corrí hasta el patio soñoliento.
Dormían los geranios carnales,
las gitanillas coquetas,
las aspidistras de lanceoladas hojas
desmayadas en elipses.

Miré al Este y desde allí me miró,
una esfera de sangre
partida por la mitad sobre el horizonte.

Recuerdo llenarme la cara con caricias de sol.

Beberme la luz sediento,
como el recién nacido que mama
del pecho de su madre la primera leche,
el primer calostro de la tierra.

Ese instante irrepetible
fue mi segundo
y verdadero bautismo,
mi bautizo cósmico.

10

Siente el milagro de respirar,
toca el aire, abraza el viento.

Habla con él diciendo uno por uno sus nombres:
Alisio, Austral, Siroco, Mistral,
Galerna, Cierzo, Mediodía, Lebeche,
Vendaval, Ostro, Maestro,
Tramontana, Levante, Poniente.
Vientos errantes cerro arriba y valle abajo.

Brisas de costas, de vaguadas, de valles,
de simas y de cumbres.

Caracoles de anticiclones y borrascas.

La planetaria matriz de hidrógeno,
de oxígeno y gases carbónicos;
la membrana invisible que nos envuelve.

La caricia en la tarde ardiente del verano.

La tenue transparencia, la piel que nos protege
del cero casi absoluto del cosmos.

11

Las tormentas de Agosto que rompían los cielos,
cuando los truenos cíclopes hacían crujir
los muros de cal y las vigas inclinadas,
el tintineo de las tejas sobre las alfarjías.
Mi abuela rezando su murmullos suplicantes,
los pases mágicos de sus manos sobre las cosas
para espantar los rayos en zigzag,
los súbitos relámpagos.

Mi abuela supersticiosa.

Mi abuela y sus letanías.

Mi abuela y su miedo ancestral de vivir,
el hecho más impune que existe en el universo.

Cada orden imperativa de sus labios
sin la demora de un segundo,
como un disparo:

¡No mezas la mecedora sola, niño, que molestas a los muertos!

¡No gires las tijeras, niño, que cortas los hilos invisibles de las mor-
tajas!
¡Niño, no me interrumpas en las siestas,
cuando vienen a hablarme mis difuntos!

¡No grites, que asustas!

¡No corras, que espantas!

¡Abuelaaa, pero si no hay nadie más que nosotros,
protestaba yo, incrédulo, abriendo mucho los brazos
para abarcar el tiempo y el espacio de la casa vieja!

Ella, mirándome a los ojos, me decía,
fulminándome con sus pupilas negras:
—¡Pero qué tonto eres, niño, a ver si aprendes
que nunca jamás estamos solos!

Y vaya si lo aprendí, a fuerza
de mis eternas noches fantasmales.

12

La mejor filosofía de la vida,
cuando llegaba el abuelo
desde el otro lado del mundo
con su mula torda amarrada del bocado.

La vieja mula serena y noble, mágica
como todos los seres híbridos
que se perdieron en las encrucijadas del tiempo,
en la vía muerta de una estación
abandonada para siempre.

Mi abuelo que hacía rituales
de cada segundo, de cada labor
de sus incontables oficios:
aprendiz de panadero adolescente,
labranzas de hortelano madrugador,
ordeños de vaquero viejo.

Cada paso como una ofrenda,
cada hecho una liturgia;
cada sorbo de café, cada cigarro
de aquellos celtas cortos que fumaba
a grandes caladas conscientes,
cada siesta que paraba el mundo.

Todo era dicha milagrosa,
latigazos azarosos de buena
o mala suerte.

El tesoro que me corre por la sangre:
los viajes con él en su mula mágica.

Cuando los días eran regalos de sol
y yo me sentaba a horcajadas
sobre su lomo.

Cuando el aire venía
haciendo remolinos,
dando tumbos para caerse
sobre mí pelo alborotado.

Los giros de las orejas de la mula
contándome historias
en nuestro secreto lenguaje de signos.

13

Mi adicción desde entonces
que yo recuerde
al más allá de las cosas,
al más acá de la vida,
ese lugar entre mundos
donde viven los seres mágicos
de los cuentos.

Mi ensimismamiento en esa realidad
paralela que captaban mis ojos.

Mi abuelo de luz radiante,
mi abuela de sombras,
mi mula mansa.

Porque gracias a ellos
soy un ser cuántico,
una criatura de risas incontenibles
infectado de hongos y travesuras,
de vívidas metáforas,
absorto en el tapiz
de las simbiosis terrestres.

Desde entonces escribo
de todo aquello que nos viene dado gratis
con nuestro nacimiento.

La vida que nos palpita
dentro y alrededor, que no se calla nunca.

De modo que mi luz,
pero también mis sombras alargadas
os traigo, todos los horrores
que viven ocultos en Almodóvar con su castillo,
inexpugnable en lo alto del cerro;
en mi casa vieja, maravillosa y terrible,
con su parra, sus racimos de uva moscatel
y sus avispas, con sus lagartijas al sol
y el agujero negro con sus ratas curiosas,
el cielo y el infierno con sus bestias y fantasmas.

MI TESTAMENTO CÓSMICO

1

Mi madre fue la primera imagen
al abrir los ojos,
cuando pusieron las chispas
de mis neuronas en hora terrestre.

La casa vieja sobre una calle empinada,
la calle infinita hasta los pies del cerro
del castillo de Almodóvar.

Recuerdo que existía un patio de tierra
con varios desniveles, un talud vertical
con redondas piedras de granito,
gigantes como huevos cámbricos.

Racimos de uvas
con sus avispas alrededor
de una vieja parra
dispuesta sobre alambres.

Recuerdo la letrina con su agujero negro,
oculto bajo la tapa de madera.

Recuerdo más de una vez,
desde el horizonte del pozo,
los ojillos de azabache de una rata
observándonos.

2

El primer apunte sin fecha
que llevo tatuado en mi memoria.

Un recuerdo borroso,
frío como un carámbano, duro como el hierro,
doloroso como la mordedura de un alacrán,
todavía latente y punzante,
en carne viva.

Era un cuarto.

Sobre sus muros de cal
el triángulo equilátero de las viejas vigas
taladradas por la carcoma.

Formaban como un ejército,
dispuestas sobras las alfarjías,
las tejas árabes.
De pie sobre la cama,
me abrochaba mi madre los botones
de la portañuela de los calzones cortos.

Sentado, me calzaba despacio
las sandalias.

Yo la miraba escrutador,
con la curiosidad del niño
que observa silencioso,
que analiza el mundo,
que absorbe la realidad por la piel
y dispara luego
su retahíla de preguntas.

Mi madre lloraba sola
un llanto lastimero,
un llanto antiguo,
una costumbre de lágrimas
tristes y diminutas,
como si llorara para ella misma.

¡Qué insoportable dolor
ver los ojos de mi madre llenos de lágrimas,
el pecho palpitante de temblores
y sacudidas, la insondable amargura
de los espasmos de su boca!
¿Por qué lloras, mamaíta, le pregunté?

165

"No es nada, mi niño,
una pizca que se me ha metido en el ojo",
dijo enjugándose el llanto,
sorbiéndolo muy hondo, sin mirarme,
hasta enterrarlo para siempre
en lo más profundo de su alma.

Con mi carita arrugada de mohines
y pucheros por la congoja,
con el corazón sobrecogido
por la tristeza de mi madre,
alcé la mirada al techo.

Entonces la vi,
arriba y abajo, abajo y arriba,
describiendo silenciosas elipses:
una golondrina blanca y negra
alrededor de su nido de barro.

De vez en cuando se colgaba del borde.

Un coro ruidoso de polluelos apretados
abrían sus bocas de color rojo carne,
de pellejo transparente,
como hambrientos capullos
de plantas carnívoras tambaleantes.

Fue mi amuleto.

La golondrina
y sus crías como llamas
fueron el bebedizo que me puso el cosmos
para borrarme la tragedia,
el amargor del llanto,
la soledad de mi madre.

El terrible dolor,
aquella punzada en el corazón,
se me fueron de pronto,
boquiabierto con las curvas acrobáticas
de la golondrina y el escándalo
de sus polluelos.

3

Las ceremonias para vivir
de mis oficios, de mis fórmulas desnudas,
simples, aquellas que me inventaba
por el atajo de la cuenta de la vieja,
que diría Santiago Moncalián,
mi adorable profesor de matemáticas.

Esta tarde misma,
la que trae el tibio otoño.

Mi adicción a las tardes lentas,
al crepúsculo con sus pájaros.

La puesta de sol en el horizonte marino,
cuando el cielo dibuja acuarelas de sangre.

Las olas que caracolean
y rompen sobre mis pies
manojos de espumas nacaradas.

4

Mi pequeño perro acompañándome,
su sombra en mi sombra,
el ascua de su presencia,
su tierna mansedumbre,
su amor absoluto.

¡Ojalá supiéramos amarnos tú y yo
como nos aman los perros!

Perfecto el lugar, exacto el segundo
en la mente quieta,
dormida el hambre,
la salud como un tesoro a resguardo.

De sobra para vivir.

La gente pasea con la mirada perdida
en sus teléfonos inteligentes.

De vez en cuando levantan los ojos:
la insólita belleza,
la imagen sobrecogedora del ocaso.

Es inútil:
alineados, ciegos, sonámbulos,
vuelven otra vez
a la ausencia colectiva,
al frío azul de las pantallas hipnóticas.

5

Siseos, dulces murmullos
en el templo de la tarde.

Una gaviota petrificada,
de pie sobre la orilla.

Un estornino sobre la punta de una veleta
percute con silbidos de viento,
como un disparo en el estanque de la atmósfera.

Abro mi mano, y siento en la brisa
el sonido de su garganta
al rozar las huellas dactilares de mis dedos.

El tiempo que me toca las sienes,
dejándome un soplo
de magia sobre los párpados.

Sentirme los pies fríos
sobre el brocal de piedra.

La brisa con sus besos de sal.

El instante como una raja
abierta entre los mundos,
el borde que divide la luz
de las sombras,
la frontera invisible
de las almas perdidas
que viven con nosotros,
en nuestros cuartos,
durmiendo en nuestros lechos,
acariciándonos mientras dormimos.

El trance, sutiles escaleras
desde la piel hasta el alma,
la respiración de los espíritus
sobre mis hombros,
su voz dictándome
los renglones torcidos
de este poema.

El éxtasis.

Despierto.

La vida llora conmigo
cuando contemplamos la acuarela
del horizonte:
un cielo de nubes cárdenas
ardiendo sobre las olas.

6

El rumor del viento al cruzar
las ramas del eucalipto blanco,
el canto de un ave que se lamenta a lo lejos:
un ruiseñor, un carbonero, un herrerillo,
tal vez el recuerdo triste
de alguna arboleda perdida
de mi infancia.

7

Mi armisticio firmado al crepúsculo.

Soltando lastre poco a poco,
aprendiendo con alegre dolor
este extraño oficio de vivir.

Por las noches resistiendo las emboscadas del insomnio,
las embestidas del lobo de mis penumbras.

Por la mañana desconociéndome sobre el espejo,
turbio, perdido, náufrago.

Al caer la tarde,
con mis lecturas y mis paseos de naranjos,
con los ocasos y mis pájaros de tizne,
hago otra vez las paces con el mundo.

EL VIAJE

Guardo preciosos recuerdos,
como fósiles dormidos
entre los pespuntes deshilachados de la memoria.

Áureas mujeres tendiendo sábanas al sol,
hembras curvas como galaxias.

Abuelas lentas en sus lutos perennes
que olían a cera derretida, a chaparrones de verano.

Muchachas lindas y cariñosas.

Labios como oleajes,
besos de sal,
juegos de médicos,
el escondite entre arboledas,
carreras y sustos,
roces furtivos por los rincones.

Tactos de medusas transparentes,
dedos como ascuas, caricias como calambres.

Un cachorro bípedo y precoz
al cuidado de una manada femenina.

Mis primeros pasos indecisos
recorriendo infinitas distancias
hasta los brazos de mi madre:
torneadas cuerdas, lianas firmes,
esbeltas raíces;

hasta los brazos de mi abuela,
cascadas de carne derramándose
en blancura de cal.

¡Ay, los abrazos como congrios chispeantes
de las muchachas!

Mujeres de luz, metáforas vivientes,
bocas frescas como acuíferos.

Mujeres agrimensoras poniendo lindes,
bordes, latitudes habitables.

Mujeres como bahías de regazos.

Mujeres como ánforas de aceites esenciales,
manos poderosas amasando harinas de fuerza,
retorciendo las trenzas de las tomizas.

Mujeres de pechos planetarios
donde la Vía Láctea me amamantaba
con la leche dulce de sus estrellas.

Las mujeres tristes.

El desgarro, la herida, el temblor
de aquella mañana temprano
de mi niñez.

Imborrable en mi memoria.

El primer recuerdo de mi madre: sus lágrimas.

Mi piel reconoció,
mientras me ponía la ropa,
aquella fría culebra
que se me metió por dentro,
infectándome la sangre
de venenos incomprensibles.

Primeros descubrimientos:
el tacto espacial,
el sabor de las cosas,
llantos de alegría,
de miedo, de tristeza;
lágrimas saladas, siempre.

Lágrimas de besos desbordados,
de cosquillas desquiciadas sobre mi barriga.

Lágrimas
quemándome por dentro,
en lo más hondo,
como ácido ardiente;
lágrimas del dolor desnudo,
el desamparo de mi madre
sentada sola, perdida,
vistiéndome los pantaloncitos cortos,
calzándome las sandalias de verano.

La casa vieja

Vivíamos en la casa vieja,
mi primera casa,
en el medio justo de una calle
que moría en las faldas del castillo,
una mole de piedra caliza
en un cerro abrupto,
rodeado de vientos girantes.

Una casa infinita para la mente de un niño.

Con su patio de tierra donde en verano
sesteaban las lagartijas
a la sombra de la parra,
la canícula bajo la sinfonía
inclemente de las cigarras,
la perenne soledad
de unos cuartos a oscuras
poblados de murmullos.

Una casa donde se quedó a vivir el tiempo.

El tiempo real,
el tiempo del niño:
pegajoso, inabarcable, elástico,
como si fuera chicle,
como tirantes de goma de los tirachinas.

Porque el tiempo y el espacio y el niño
son una trinidad cuántica.

A medida que crece, que abre los ojos
y aprende lenguajes, el mundo existe
y él existe en el mundo con la voz,
con las palabras que van nombrando las cosas.

Mi casa llena de desniveles como cumbres,
de insondables agujeros negros
de donde emergían de vez en cuando,
sin la tapa de madera sobre la letrina,
las ratas hambrientas.

Mi casa de luces y de sombras,
de rincones y macetas de geranios,
de tejas curvas, de combas alfarjías,
de vigas perforadas por la polilla sobre muros de carga
que se iban desconchando poco a poco
derramando cal y guijarros,
tierra y arena,
como abstractas pinturas rupestres.

175

Una casa llena de espíritus errantes
que perdieron su más allá.

La casa vieja. Mi primera casa.

Con ese nombre se ha quedado
impresa en mi memoria.

El tiempo

En la casa vieja vivíamos
mi madre, la golondrina
con sus polluelos ruidosos,
el tiempo con su espacio
lleno de agujeros negros
y yo, jugando al escondite con los fantasmas.

Mi padre, entonces,
era apenas una sombra,
las lágrimas tristes de mi madre,
el hueco doloroso de su ausencia.

Vivíamos en una misma dimensión
el tiempo, el espacio y el niño.

Yo jugaba, el tiempo transcurría lento,
detenido, nos abrazaba el espacio.

El mismo ente,
la misma criatura de tres cabezas,
la Trinidad cósmica.

Con la edad, una mañana
en que nos miramos al espejo,
de golpe y porrazo nos damos cuenta
que el tiempo nos abandonó dejándonos solos,
perdidos en el espacio inabarcable,
tristes vagabundos,
errantes náufragos por mares inhóspitos.
De pronto sentimos nuestra desnudez
mórbida, el frío del relente, la mirada del otro,
y nos cubrimos avergonzados con la hoja de parra.

Desterrados al este del Edén,
arrojados de los brazos de La Tierra.

Desde entonces somos insomnes
criaturas al borde de la muerte súbita,
buscándonos desesperadamente unos a otros
sin encontrarnos, porque cada cual
se perdió a sí mismo.

La infancia es el tiempo irrepetible.

Pero el tiempo es una semilla
de cotiledones mágicos
que guardamos en el alma.

Ahí llevamos al niño jugando
al escondite, al trompo, a los toreros.

Tienes que amar a tu niño
con todas sus fuerzas
para lamerte las heridas
y cerrar cicatrices,
que pierda sus miedos.

Siembra la semilla en su maceta.

Riégala con lágrimas dulces de agua de pozo.

Cuélgala en tu patio.

El niño crecerá en su mundo de aromas,
en fragancias de sueños,
en manojos de polen que te germinará
entre las manos.

La conciencia

Fui creciendo con dolor,
porque el parto terrestre no se acaba nunca,
hasta que te mueras.

Allí, entonces,
sin mis golondrinas atenuantes,
la pubertad a cuestas
con sus propios demonios,
supe de la guerra sin cuartel
entablada desde el principio de los tiempos.

La guerra de los mundos:
los patriarcas que pusieron
la vida entera a su nombre.

El Dios del Antiguo Testamento.

Mi madre, cada mujer sufriendo la soledad,
la sumisión, los partos desgarrados,
el mandato de divina esclavitud.

Hombres celosos y traicioneros,
hordas de hombres burdos y ariscos,
borrachos escupiendo espumarajos por palabras,
envidiosos del vientre de las diosas fecundas.

"Padres hay muchos, pero madre no hay más que una".
Les oí decir ufanos tantas veces
entre bromas machistas,
desde niño.

Puede que por esa razón las matamos,
porque las mujeres no son suyas,
¡¡¡por Dios!!!, son nuestras,
fueron creadas de nuestra costilla
para el uso y disfrute del hombre.
Y sus hijos, los que viven
en nuestra propia casa
y bautizamos con nuestros apellidos,
a saber quién pueda ser
su puñetero padre.

Es la macabra razón de matarlas ante sus ojos,
que sufran salvajemente,
para luego, de perdidos al río,
matarlos también porque son suyos,
sus hijos, no los nuestros.

El instinto del hombre enfermo y asesino
que me recuerda el atávico impulso
que lleva al león extranjero,
luego de vencer al viejo rey de la manada,
a matar sin piedad uno tras otro
a los cachorros de las leonas indefensas,
paralizadas en su genético espanto.

Ese era el hecho más terrible,
la conciencia convertida en sufrimiento,
mi herencia de culpas heredadas:
el causante de aquellas lágrimas femeninas
era un hombre, mi padre.

Se me había dado a luz
sin mi consentimiento
en el centro justo de aquella guerra,
y vendrían muchas más, incontables,
una cada sábado, cada domingo de misa,
cada fiesta de guardar,
porque esa guerra sin cuartel
existe y perdurará aún por mucho tiempo,
tal vez siglos.

El pecado original del hombre
cuando se erige en dueño absoluto de la creación,
cuando escribe la falsa revelación
de las palabras de los dioses
en clave de lobo feroz,
por su sola fuerza salvaje,
bruta.

Esa es nuestra impune falacia de hombres,
nuestra exterminadora debilidad
de obsesos y asesinos,
nuestra insignificante realidad
de bípedas criaturas.

Ese fue el comienzo de mi mundo.

Mi vida y yo somos, aquí y ahora,
lo que ha quedado
en el campo de batalla de aquella guerra.

Un superviviente lleno de hogueras indestructibles,
ansioso de vivir hasta el último segundo.

La semilla del niño con su brote abriéndose
poco a poco al mundo

LAS MUJERES Y EROS

Ocurrió simplemente,
mi buena y mi mala suerte,
los arrebatos de alegría
y la emboscada de las tragedias,
como la vida misma.

No hubo redoble de tambores,
ni retumbar de truenos,
ni un repique de campanas,
ni el zurcido zigzagueante de los rayos.

Todo ocurrió como si cualquier cosa.

Desde que nací.

El primer segundo de mi existencia
en medio de un silencio ensordecedor,
una gigantesca caja de resonancia,
como si el mundo entero
se hubiera quedado mudo, estupefacto,
atento para no perderse
el más mínimo detalle de la historia.

La lección del primer
abecedario del cosmos:
Eros.

La tabla periódica de la vida,
pedazo a pedazo,
desde la piel al hueso,
con sus leyes matemáticas
y sus hormonas químicas,
está hecha con átomos eróticos.

La escritura
impresa en la carne:
los cuerpos que se abrazan,
las pieles que se rozan,
los labios que se besan
producen magnetismo
y se convierten en imanes ineludibles.

Cuando entraba y salía yo
del regazo materno me daban,
uno tras otro, tiernos,
deliciosos calambres.

La cálida y olorosa gravedad del cuerpo de mi madre.

Mi sed profunda
de sus pechos dulces,
de sus ojos como estampas,
de su voz de adormideras.

Respirar su transpiración,
su atmósfera,
me embriagaba la sangre,
como cuando vienen las tormentas de verano
descargando aguaceros imprevistos sobre la tierra.

A lluvia, a polvo mojado
olía la piel de mi madre,
con suaves efluvios de jabón
verde sobre la ropa.

La primera señal de los seres sintientes,
el hambre de fundirnos con el otro,
la fuerza que rige la órbita
de las esferas,la física elemental,
todo me fue transmitido a la mirada
por su mirada, a la carne por su carne,
al labio, a mis neuronas infantiles,
al estómago, a las tripas, a mi boca,
por la leche tibia que mamé de mi madre:
Eros, el principio del Cosmos.

La abuela

Mi abuela conocía el ritual mágico
de todos los gestos, los iniciáticos y los propicios,
los divinos y los mortales,
los de mal de ojo y los de buena suerte:
mecer la mecedora vacía,
girar las tijeras,
dejar abierta de par en par
la puerta de los cuartos
encandilando las sombras,
romper los espejos, derramar la sal,
acercarte a los cristales de las ventanas
en medio de las tormentas,
santiguarte tras la descarga
de los relámpagos, contar los segundos
hasta los truenos cíclopes
que desgarraban los cúmulos
ennegrecidos.

Mi abuela conjuraba
el insoportable misterio de existir
con su manual de gestos y palabras,
con su herbolario mágico
y el pequeño altar de estampitas
de Santos y de Vírgenes
sobre el mármol amarillento
de la cómoda vieja.

A lo lejos, en la oscuridad,
yo miraba el tililar sobrecogedor de sus velas flotantes
en las tacitas de agua con aceite.

"El soplo de los espíritus",
me contaba,
y yo, con mi miedo arrebatador,
hipnotizado, no podía dejar de mirarlas.

Hasta que una tarde los vi,
etéreos y vaporosos,
detenidos en el tiempo,
en silenciosa tertulia con mi abuela.

De vez en cuando,
para limpiar los malos espíritus,
el mal de ojo agazapado entre las cosas,
arrojaba sal por los rincones
vuelta de espaldas, sacudía manojos de yerbas
como olorosos hisopo verdes,
rezaba salmodias impronunciables.

Mi abuela contaba cada noche
historias de miedo con mucha onomatopeya
y exagerados aspavientos,
simulando repugnantes jorobas
con almohadas bajo sus blusas
de lutos perennes.

Historias de la muerte
como fatal protagonista,
ataviada con su túnica negra
y su guadaña de filos irisados,
su encorvado y lento caminar
al encuentro de los vivos
para equilibrar las injusticias mundanas,
los humanos entuertos,
la Ley del Talión:
"Quien a yerro mata, a yerro muere".
Una mujer nos da a luz
y otra mujer nos abre la puerta del Hades,
las sombras absolutas.

Una mujer nos crea en su matriz
con el polvo atómico de las estrellas
y otra mujer, un día cualquiera,
al polvo nos devuelve.

Mi abuela con su Olimpo particular,
pagano, animista, mágico y católico
a partes iguales,
puro sincronismo,
real como la vida misma.

La muerte es la diosa
que viene a equilibrar el mundo.

Por eso hablaba con los rincones a oscuras,
con el silencio sentado en la mecedora,
muy atentos su coro de difuntos a los chismes,
a los dimes y diretes de los vivos.

En las largas siestas de verano
se sentaban con ella sus ancestros,
sus muertos tristes que aborrecían
que se les meciera,
hartos como estaban de moverse
entre el aquí y el más allá
por los siglos de los siglos.

Sus palabras, sus gestos cortantes
se perdían detrás de mí,
arriba o abajo, a derecha o a izquierda,
siempre justo donde se encontraba
una silla abandonada, un rincón en penumbra,
una trémula sombra.

Si yo le preguntaba:
¿con quién hablas, abuelita?.

Me miraba con rabia entonces,
hierática y severa como una esfinge,
alzaba el brazo, señalaba con el dedo
un resquicio, un lugar de donde llegaba apenas
una ráfaga ululante de escarchas:
¡issssssshhhhhh!, mandaba callarme,
con el índice apretándose los labios.

"Ahora estoy hablando con el tío abuelo de tu madre,
el que fusilaron en el 39,
el mismo que viene a sentarse
en su mecedora favorita
a contarme una y otra vez
la historia de su muerte absurda,
incomprensible".

"Yo nunca hice daño a nadie", repite
en su eterna psicofonía.

¿No lo oyes?

Tan cansada ya me tiene
que le contesto malhumorada
que murió como tantos otros,
los miles de seres inocentes
que siguen enterrados en las cunetas,
bajo las tapias de los cementerios,
en los barbechos olvidados.

Aunque no me escucha nunca,
se levanta y se marcha cabizbajo,
dejando la mecedora sola
con su eterna mecida.

Acaso la voz de los vivos,
desde aquí,
no le llegue a los muertos allá,
tan lejos que ni Dios sabe dónde".

El abuelo

Mi abuelo, cuando nací,
me nombró su alumno.

Cuenta el dicho:
"Cuando el alumno está preparado,
aparece el maestro".
Y yo lo estaba.

La primera vez que me vio,
recién llegado al mundo unas horas antes,
en medio de mis más ardientes berridos
acercó su índice rugoso
hasta rozar con la concha de su uña,
roma y sucia, mi frente.

Súbitamente ahogué el alarido en fase expansiva
y abrí los ojillos para mirarlo.

Vi a mi abuelo.

Dicen que alargué mi brazo rechoncho,
que mi manita menuda
agarró su dedo con todas mis fuerzas,
que le clavé la mirada
mientras dejaba escapar
un murmullo de gorjeos indescifrables.
Afirman que durante largos segundos
nos miramos el uno al otro,
reconociéndonos.

En medio de un silencio admirado,
expectante, nos presentamos:
él, mi abuelo maestro;
yo, su nieto alumno.

Desde entonces fui su lazarillo,
porque apenas eché a andar
mi abuelo me llevaba a todas partes
aferrado a su mano,
como un bullicioso y parlanchín
apéndice de su cuerpo.

Con él aprendí que la vida es el más puro
y extraño de los milagros posibles,
el don más difícil y azaroso.

Cogido de su mano rugosa,
dura como sarmiento,
en los largos meses de verano
me llevaba a las eras de rastrojos
donde dejaba sus redes tendidas
para cazar codornices.

Verdad que codornices cayeron pocas,
apenas unas cuantas que yo recuerde,
pero las tardes las cazábamos todas,
una tras otra, cuando el sol
se quedaba enredado entre los hilos
y allí permanecía quieto y temeroso
a la espera del crepúsculo.

Alguna vez una codorniz despistada vino a liberarlo,
con los últimos rayos huyendo por los cerros.

Mi abuelo lo dejaba escapar
entre sus dedos gordos
para agarrar el ave diminuta y temblorosa,
su pequeño corazón palpitante
entre las plumas moteadas.

Yo me quedaba embrujado,
con la boca abierta viendo derramarse el sol,
muy despacio, por la raja del horizonte.

Mi abuelo, con gestos cortos y precisos
como pases mágicos,
recogía la red ensangrentada
mientras me decía radiante y feliz:
¡Niño, vámonos, que ya hemos cazado la tarde!

Yo le contestaba ensimismado:
¡y el sol, abuelo,
casi cazamos el sol!

OCTUBRE DE ALGODÓN. MUJERES CON PAÑUELOS BLANCOS Y SOMBREROS DE PAJA

Eran días de ajetreo desde muy temprano,
antes de salir el sol.

Las mujeres amanecían nerviosas,
presas de embrujos, dicharacheras incontenibles,
mirando por las ventanas lejanos horizontes.

Las eras de algodonales rebosaban capullos abiertos.

El viento las llamaba con promesas
de caricias otoñales.

Mañanas frescas con aromas de clorofila.

Terrones mojados de la relentada nocturna,
olorosos sacos de yute repartidos al alba,
la cosecha impaciente del roce de sus manos.

Recuerdo la fiesta que traía Octubre
a los hogares humildes,
la celebración del trabajo y el sudor de la frente:
míseros jornales de sol a sol
para afrontar el largo invierno.

El aroma intenso del café
—mitad de café, mitad de cebada—
silbando en el labio curvo de las cafeteras.

El olor milagroso del pan
entrando por las rendijas de los postigos.

El espasmo del gallo
en el hueco del alba,
entrecortado como un grito de júbilo,
de orgasmo terrestre en el aire.

Destellos rojos y amarillos
de las ascuas moribundas.

Manojos de instantes suaves y felices.

El verano extinguió sus incendios
y el otoño estaba bien entrado,
cuando madura el membrillo,
cuando se doran las hojas
marcescentes de los quejigos
y cuajan las primeras bellotas San Migueleñas.

Las mañanas de frío agradable
—las mañanas de Octubre en el Sur—
cuando da gusto sobre la cara
el beso del sol al mediodía.

Cuando en las calles de tierra iban cayendo
las hojas amarillas,
las fechas tachadas
de árboles y calendarios.

La vida irrepetible de aquel
entonces es este humilde poema
de tesoros otoñales.

La alegría irreprimible
de la llegada de mi abuelo.

Sus brazos poderosos
enroscándome,
su barba hirsuta
como una hoja de higuera
rozándome la cara,
la frente, los labios.

Subirme a lomos de la mula torda,
el animal más noble que he conocido,
sus riendas de cuerdas deshilachadas
—el cuero quedaba solo
para cabalgaduras de mayor alcurnia—,
uncida con el viejo yugo agujereado,
relleno de paja.

La mula juguetona y feliz
dispuesta de redondas angarillas
para portar cántaros de agua fresca,
recién baldeada del pozo por el abuelo.

¡Ay, aquella vieja mula mansa y dócil
que fue para mí la criatura
más preciosa del mundo!

Tomar rumbo a la campiña,
allá donde las mujeres se doblaban
sobre las matas verdes,
amarrada a su cintura el saco
de algodón blanco.

Mi madre, mi abuela, mi tía,
las muchachas del pueblo,
mujeres campesinas
en quebrada y dolorosa faena
de hormigas laboriosas.

Mi llegada sobre la mula
recibida con un repique
de campanas.

Las mujeres corriendo
como locas a cogerme.

Yo que me iba escabullendo muerto de risa
entre el zig zag de sus piernas.
Alcanzarme de un súbito tirón,
prieto entre sus brazos
para hartarme de apretones y cosquillas,
de arrumacos y de besos ruidosos.

Calmada la sed,
cuando apretaba el sol en lo más alto,
me sentaban a la sombra sobre sacos rebosantes,
tiesos y turgentes como gusanos gordos
que olían como el campo mismo:
a yerba, a tierra húmeda,
a ropa mojada, a fragantes sudores femeninos.

Las horas saltando de un gusano a otro,
de una a otra mujer entre los surcos,
de unos pechos a otros pechos,
como el ser más dichoso,
la criatura más feliz sobre la tierra.

Al final de la jornada,
poco antes de ponerse el sol,
las mujeres alzaban los cántaros
y dejaban caer gruesos chorros de agua cantarina
para lavarse las manos, los brazos morenos,
la cara y el cuello.

Se echaban agua en el cuenco de las manos
y corrían como niñas mojándose,
o se llenaban la boca
hasta casi reventarse los mofletes
para arrojársela con estrépito
unas a otras sobre las caras,
sobre los pechos jadeantes.

Guachos todos, hasta la mula,
llegaba entonces la tranquilidad,
el momento delicioso de beber
para saciar la sed campesina,
esa que nos trae el agua de pozo cuando,
recolectado el algodón y cargados los sacos
sobre el carro que arrastraban un par de mulas viejas,
tan decrépitas que a veces tenía el abuelo
que uncir nuestra mula para ayudarlas,
ponía fin al día entre bromas y jolgorio.

Irme con mi abuelo subido
al vaivén de la mula cruzando los machos,
bien agarrado a su correa de cuero.

Detrás, el rumor de las mujeres
en revoltosa algarabía,
sus risas como palomas asustadas.

Giré la cabeza
pegado a su espalda
—¡ay, el olor inenarrable de mi abuelo!—
para mirar el sol ocultándose
por la línea ondulada de los montes curvos.

El éxtasis del vaivén de la mula,
como una barca surcando el mar de la tarde.

Mi viaje sobre la luz y el tiempo.

Cerrar fuerte los ojos,
apretarlos para que el sol,
rojo y cariñoso, suave y calentito,
se me quedara para siempre
en lo más hondo del alma.

Hoy, más de medio siglo después,
si vuelvo a cerrar los ojos,
puedo sentir ese calorcito
como una brasa
dormida entre mis párpados.

LAS MUJERES Y LAS TARDES DE VERANO

Las tórridas siestas del valle del Guadalquivir,
las siestas infantiles entre brisas ardientes,
cuando no existía el aire acondicionado,
ni ventiladores girantes,
solo humildes abanicos de palma.

El cántaro a la sombra.

El cántaro cocido con barro de verano,
blanco como la harina,
de arcilla porosa y permeable,
el primer intercambiador de calor
inventado por el hombre.

El cántaro en el alféizar de la ventana
en la umbría del patio,
al acecho de las corrientes de aire,
de los húmedos suspiros de las plantas.

¡Qué hermosa metáfora creamos
cuando dejamos de ser nómadas cazadores,
cuando construimos las ciudades
a la orilla de los deltas,
cuando inventamos la escritura
para dejar constancia del comercio de las cosas,
cuando domesticamos el cereal y el toro,
la oveja y el bronce!

¡Qué bonito que el barro moldeado
por manos alfareras
guarde la frescura de los aljibes,
que se cueza en los hornos
y el milagro de la física
apague la sed de los veranos!

Cuando la tarde desfallece
sobre los cerros de encinas cenicientas
y el patio se desperezaba como un gato manso,
una mujer, la más decidida,
la más harta del silencio de las horas,
llegaba cargando en una mano su silla de eneas
y en la otra, a pulso,
el botijo brillante de agua fresca
que dejaba colocado
encima de un pequeño taburete.

Acto seguido, satisfecha, se sentaba tranquila
a pensar en sus cosas,
abanicándose con sensualidad
el escote, el cuello,
quitándose las pelusas de los árboles,
extendiéndose distraída y coqueta
los pliegues arrugados
del delantal sobre la falda.

Las demás mujeres iban saliendo
en rápido y ruidoso tropel de las habitaciones
a oscuras, animosas, languidecientes,
convocadas a la tertulia de la tarde.

Cada una tomaba asiento en su pequeña silla,
aquellas sillas de mi niñez
de chopos blancos y eneas,
de tiempo irrepetible
y tomizas entrelazadas.

Por esa invisible acción de la gravedad
o de la redondez de la tierra,
las mujeres acababan formando
un alegre y bullicioso círculo entre
geranios y aspidistras,
en medio de claveles reventones
y nardos fragantes,
entre ebrias damas de noche
y jazmines desfallecidos.

En ese mundo,
yendo de los brazos de una mujer a la siguiente,
saltando como quien se zambulle
en el mar de sus regazos,
vivía yo como un pequeño
y travieso animalillo,
la criatura más feliz
que pudiera existir sobre la tierra.

El niño en su efímero y turbulento paraíso terrestre.

LA MUCHACHA Y LAS SIESTAS

Debió de ocurrir muchas veces,
quizá porque siempre jugábamos al mismo juego.

Guardo apenas memoria
de una imagen impresionista,
una difusa niebla de gruesos trazos.

Recuerdo el lugar:
el mismo patio sombreado por algunos árboles
y la marquesina de sacos de yute
meciéndose en la brisa de la tarde.

Recuerdo la hora:
las horas de la siesta en el tórrido verano
de la Vega del Guadalquivir
en la campiña de Almodóvar.

Aquella muchacha hizo de mí,
día tras día, su pequeño jinete.

Hasta que una siesta,
alucinada y cocida en su calentura,
perdido el pudor y la vergüenza,
se atrevió a jugar conmigo
a sus mórbidos y táctiles roces,
incontenibles como borbotones de sangre
sus locas fantasías eróticas.

Debieron ser muchos los saltos,
los galopes subido a horcajadas sobre su cuerpo:
la muchacha convertida en mi yegua
y yo en su pequeño jinete enardecido.

Aunque apenas guardo
en lo más hondo de mis neuronas
algunas borrosas imágenes en blanco y negro,
como los viejos daguerrotipos
congelados en las paredes
de las casas abandonadas.

Ella tendría esa edad incierta,
cuando a las muchachas les hierve la sangre
por la alquimia de los astros.

Sucedió, tal y como os cuento,
en horas detenidas, en las más impunes,
cuando el ardor nubla los sentidos
y el aire se quema en llamaradas.

Tomó mi mano menuda
a modo de objeto fálico.

Jadeos sordos, susurros, temblor de cosquillas,
roces de muslos bajo el ancho vestido,
carne hinchada, curva, protuberante,
verticales labios húmedos,
racimos de ondulado bello.

Tiempo entre paréntesis,
sus ojos perdidos
y mis ojos que la miraban sin entender,
buscando respuestas.

El final, un largo quejido
que se convirtió en terror sobre sus labios.

La huida a esconderse entre las macetas mudas,
con las hojas caídas de las plantas,
trémulas y temerosas,
aguantando la respiración para no delatarnos.

Búsqueda de sombras detrás de las ventanas,
la sacudida sobre el visillo,
el chasquido metálico de un pomo,
el postigo entreabierto,
crujido de fallebas.

Aliviada me miró profundo,
más allá del niño que yo era entonces,
hasta los mismos sesenta y tantos
que cumplo ahora,
quizá pidiéndome un futuro perdón
y esperando mi comprensión adulta
cuando me contemplo cada mañana
en el espejo.

Confieso que si me busco
en lo más hondo alguna herida,
leves cicatrices, miedos acechantes,
infectas culpas, soy consciente que seré
el abogado del diablo de la muchacha,
porque solo encuentro la perplejidad de un niño,
su alucinada curiosidad táctil.

Porque, al fin y al cabo,
Eros la poseía siesta tras siesta
y creo también, después de todo,
que Eros nunca dejaría que el Dios bíblico
extendiera su dedo acusador
sobre una muchacha ardiente como zarzas.

Una muchacha que solo era culpable
de convertir la mano de un niño
en su pequeño juguete fálico.

Quiero hacer constar
que todo fue un juego sin dolor,
que nada fue forzado con violencia,
que apenas recuerdo una cálida suavidad
de caricias húmedas en medio de una sed extraña,
abrasadora.

Sin miedo tampoco, ni angustia.

Un juego en la fragua de las siestas
y la inmensa curiosidad de un niño,
un niño atónito que adoraba
jugar a ese juego de yeguas y jinetes
con una muchacha que se cocía a fuego lento
en los largos veranos de Córdoba.

EL MONSTRUO

De niño me han dado miedo,
mucho miedo,
los hombres solos.

El miedo atávico
del cachorro animal,
la presencia amenazante
de un macho de mirada torva,
al acecho en la oscuridad,
pupilas negras barruntando
feroces deseos incontenibles.

El niño ausente,
sin el cuidado de las hembras.

Aquel hombre turbio
hablaba zalamero con mi madre,
solícito, gracioso,
y mi madre reía sus chanzas.

A la caída de la tarde,
tras dar de mano, lo recuerdo
hablar asuntos de hombres con mi padre,
que decía elocuente: ¡qué buena persona
es el vecino!

Hasta se echaron juntos,
entre mórbidas bromas femeninas,
unos tragos de la bota llena a rebosar
de vino áspero de Montilla-Moriles.

El hombre me vería
en sus noches de insomnio,
cuando el sueño infectado
engendra Saturnos deformes,
licántropos rabiosos, vampiros sedientos,
seres que viven en las márgenes,
en las umbrías perennes del mundo.

Rasguidos de sierra
abriendo el cambium,
aroma dulzón a pegajosa resina,
hálitos de bruma impregnando la atmósfera,
mantos de serrín cubriendo el polvo.

La carpintería justo al lado
de la casa vieja, en la misma acera.

Por allí andaría yo trazando surcos
con las rodillas sucias,
construyendo carreteras sinuosas,
levantando casitas con los tacos de madera,
figuras extrañas en frágiles equilibrios.

Mientras jugaba, ocultas,
me observaban dos pupilas verticales
trazando estrategias y cálculos,
como una mirada de víboras o demonios.

Me protegía el bullicio alrededor,
gente yendo y viniendo a sus quehaceres,
charlas y saludos transeúntes,
la vida con su rum rum.

En la mórbida penumbra,
agazapada y babosa,
me esperaba la bestia.

Los monstruos son pacientes y astutos.

Pueden estar días enteros
observando al cervatillo inocente.
A la espera del momento y el lugar.

La macabra conjunción de los astros
que le llega con suerte al asesino:
cuando el niño estuviera solo,
lejos de la manada vigilante.

Entonces, el hombre, sigiloso,
con el obsequio de alguna golosina,
llenando su voz de lisonjas,
lo llevó con ardides risueños
hasta la soledad de los cuartos.

En la oscuridad, solos ya,
ocurre la horrible metamorfosis:
pupilas dilatadas,
iris inyectado en sangre,
manos que se crispan como zarpas,
rostro retorcido en máscara de espasmos,
gárgola desencajada, bífida lengua,
mueca de terror en una boca siniestra
y sonriente.

El monstruo me atrajo muy despacio,
hasta tenerme delante.

Rozaba mis mejillas una protuberancia
dentro de sus calzones ásperos, sucios.

Se abrió la bragueta
y sacó aquel palo redondo
de carne blanca.

Con sus garras me cogió por la nuca.

Fue empujando, empujando más y más
aquello duro contra mis labios,
hasta que ya no tuve más remedio
que abrir la boca.

Siguió apretando, lentamente,
a consciencia, entrando
y saliendo una y otra vez
con aquel trozo de carne.

Antes de cerrar los ojos
vi la luz que se colaba
por las rendijas de la pared,
rayos oblicuos atravesando
la atmósfera, el tiempo detenido,
saltando de segundo en segundo
a cámara lenta, encendiendo infinitas motas de polvo
como estrellas suspendidas en la galaxia.

Recuerdo el silencio cobarde,
el impune silencio del mundo.

Porque las tragedias
no tienen más sinfonía
que el silencio ensordecedor
que no delata nunca,
que te aísla pero te lo graba todo,
imborrable, en la memoria,
como una cicatriz en el cuerpo,
como una quemadura
a fuego lento en el alma.

Recuerdo los sonidos extraños,
hondos y guturales que salían
de la boca del monstruo,
terroríficos en la caja resonante
de las sombras.

Sentí la hiriente soledad,
ese vacío de no estar protegido
por las mujeres y sus miradas,
por las hembras y sus regazos,
por las mujeres y sus voces de amapolas,
por las mujeres mágicas y sus pechos dulces,
por las mujeres solares y sus caricias encendidas.

Sentí el más amargo de los sabores
que puedan tener unas lágrimas
rodando por mi cara
y dejándome en la boca
un regusto rancio a maderas sobrecogidas.

Mi pequeña boca infantil, la mía, mi boca,
que me estaba devorando el monstruo.

Tiempo después, el carpintero,
en días de ajetreo y mucho trabajo,
como si nada hubiera ocurrido,
en la pura y simple mala suerte
que tiene siempre la víctima,
fabricó con sus manos culpables
unos muebles sencillos.

Andando llevó tranquila e impunemente
silla por silla, cajón a cajón,
cada estante, cada mueble
hasta el destartalado camión
de la mudanza.

Mientras, en su lento pasear
me miraba de reojo y charlaba con mi padre.

Yo jugaba descuidado,
ajeno a su presencia.

Acompañando sus palabras
puso en su mano un gesto
a modo de ternura que dejó caer,
como al descuido, sobre mi mejilla.

Lo miré y en sus ojos,
de pronto, se encendieron
los tizones ensangrentados,
las pupilas verticales de la bestia.

Temblando hasta los huesos
di un respingo y corrí hasta alcanzar
el regazo salvador de mi abuela,
que pasaba por allí en ese instante.

Ella,
sabia como todas las abuelas del mundo,
me miró y luego miró al hombre.

Por el ligero temblor de sus labios
supe que lo vio,
supe que mi abuela también había visto
su verdadera naturaleza.
Me levantó apretándome fuerte con sus brazos
y paso por el medio justo,
entre él y mi padre,
diciendo alto, para que se la oyera:

—¡Este hombre le ha hecho algo al niño:
el corazón se le sale por la boca
y tiembla como un gorrión asustado!

Después,
encarándose con él directamente,
sentenció:
¡no vuelvas a tocarlo, ni a mirarlo siquiera, o te mato!

NÓMADAS

Amanece, cojo lo primero que pillo:
el bordón, la ropa imprescindible,
alimentos básicos que duermen en las despensas,
algún libro, algunas hojas, algún anhelo,
y me echo al camino alegre, feliz,
con el horizonte infinito por delante.

Acudo todavía cada mañana, porque me quedan asignaturas
pendientes, a la escuela primaria del mundo.

Se trata de dar un paso detrás de otro
mientras te vas haciendo viejo,
mientras miras y sientes las cosas,
mientras amas y rezas
en el templo sagrado de tu cuerpo,
bien agarrado a La Tierra
para no marearte con los giros de la galaxia.

La pura y simple meditación de estar vivo.

Sin urgencias, sin prisa,
con el ansia dormida, sereno el ímpetu.

Tengo tanta suerte que la edad,
sin que yo lo merezca, me ha traído
hasta esta dulce morada, este tesoro de quietudes
y remansos.

Andar en paz pisando el polvo,
las cenizas de la historia, buscar huellas,
charlar con el caminante que nos acompaña,
sobre el brocal del puente
contemplar juntos el discurrir del río,
despertar fósiles dormidos
para escuchar las voces de los ancestros.

Sentarnos bajo el árbol
a comer el frugal almuerzo de la alforja:
un trozo de pan moreno,
unas cuantas aceitunas moradas, verdes,
maceradas con especias, con tomillo
y vinagre, con romero y orégano,
con pimientos rojos y ajos, un montón de ajos,
y sal, mucha sal, esa flor deslumbrante de las marismas.

Acompañar cada bocado de un fuerte y picante
queso manchego, y jamón ibérico de las Alpujarras,
o del Valle de los Pedroches, o de Jabugo,
o de Guijuelo, dando largos tragos a la bota
de pellejo de cabra rebosando vino fino
de Montilla-Moriles, ese caldo montaraz
que madura en las bodegas, la madera noble
de las viejas cubas durmientes
sembradas de velos mágicos.

Y de postre una naranja cadenera, o navelina,
un durazno de terciopelo, una cárdena ciruela
de nuestra campiña del Guadalquivir,
una tajada de melón de piel de sapo
de las llanuras secas de La Mancha,
de jaspeada sandía que cruje
bajo su piel brillante.

Después, aletargados como las culebras al sol,
aturdidos por el estruendo sinfónico de las cigarras,
echarnos la siesta a la sombra del quejigo, del fresno,
de la encina ceniciente, del alcornoque suberoso.

Húyase de tenderse bajo la higuera,
porque araña la piel con la lija
de sus hojas el beso del aire
mientras duermes, y te espantará
los sueños con mórbidas pesadillas.

Luego, despiertos,
bendecidos por tanta vida regalada,
tras curvo desperezo de tigres mansos,
sigamos nuestro camino
de nómadas bienaventurados sobre La Tierra.

PEQUEÑOS APUNTES

Te contaré cosas de la vida,
cosas sencillas como refranes,
copitas de licores espirituosos
que destilé en mi alambique del tiempo
para tomarme contigo por la mañana,
despacito, sentados a gusto
bajo las arboledas.

Lecciones que aprendí
a fuerza de escarmientos,
a golpe de noches infinitas,
de miedos paralizantes,
de pecados tristes y de culpas
que me tocaron en herencia.

Es mi cultura Católica,
Apostólica y Romana.

Sabio ahora a fuerza de ser viejo,
gracias a mis demonios.

Los dioses me libren
de tener ese ego fangoso
como para creerme un tipo inteligente.

De modo que no pretendo doctorarme
en manoseadas filosofías de autoayuda,
ni en sesudos conocimientos
que no me caben en la memoria.

Ya tengo bastante con mis células portentosas
en sus arduos oficios matemáticos,
con mis bacterias indestructibles y sus molinos de viento,
con mis gavillas de músculos que aguantan
mi esqueleto sobre la tierra.

Me limitaré a sentir, a vivir,
a que sientas tú, y que vivas,
todo lo que seamos capaces,
todo lo que nos dé tiempo.

Juntos.

Sólo quiero rozarte la piel con esbozos,
tocarte con cariño el alma desnuda,
limpiarte la mugre de vivir
con la ruilla de mis palabras.

He aprendido que mi alegría simple
ganada con tanto esfuerzo
no puede ser nunca el motivo de tu tristeza.

Aunque siempre pida perdón
por los pobres harapientos,
por los trampantojos moribundos
que mi felicidad vaya dejando
esparcidos por las aceras.

Asume tu amargura entonces,
bébete la copa de hiel que te tocó en la tómbola,
yo te animo y te acompaño,
mi mano agarrándote fuerte,
aguantándote las arcadas,
sufriendo contigo poniéndome en tu pellejo
hasta donde me sea posible.

Pero después, transmutado el dolor,
el duelo acabado, la moraleja aprendida,
vayamos juntos a celebrar la luz con sus instantes,
escalar cada pozo de sombras penitentes,
cada trampa que el tiempo nos urde.

He aprendido que las lecciones de la vida
nos vienen dadas con nombres y apellidos,
a cada cual según sus propios mimbres.

Mi resumen, mi esquema,
mi llanto, mi honda nostalgia,
a ti no te sirven, ni te escarmientan,
ni te curan.

Si te señalo con mi índice imperativo
-que lo haré, no te quepan dudas-
la piedra en tu sendero, el atributo cegador,
el dilema fatal o el artefacto,
a lo mejor saltas y no tropiezas, sí,
pero no aprenderás el sufrimiento
y la fuerza necesarios para levantarte
el día que te caigas y estés sola.

El sufrimiento, el dolor,
las tripas que se retuercen
te hacen hondo, profundo,
te dan peso y gravedad sobre La Tierra.

No como esos seres divinos
que nacieron entre algodones adamascados,
vestidos con áureos reflejos,
tocados con los dados de la suerte,
con la sangre desigual o la herencia inmerecida.

Seres levitantes, huecos,
vacíos como espejismos sobre las dunas del Sáhara.

He aprendido que los atributos, los tesoros
de los viajes por los siete mares de La Tierra,
te llenan por dentro.

Y las apariencias, los castillos levitantes,
las orgías, los fastos, las gulas, las modas,
van por fuera, escondiéndote de ti mismo,
para que no veas la soledad infinita
que tienes en el alma.

Aprendí que la vida no tiene nunca
una estación de llegada, solo breves estaciones
de tránsito, desnudos apeaderos de impermanencia.

Al final, por importante que te creas tú,
no habrá una orquesta para recibirte,
ni aplausos.

La vida es el viaje, el sendero,
cada paso, los encuentros de causalidad,
cada golpe, nunca la parada, ni el destino,
ni dormirse en laureles de niebla.

Andarás por andenes tristes,
por hangares desolados,
haciendo equilibrio por raíles a ninguna parte
poblados de yerba,
por marquesinas rotas.

Allí, la eternidad con sus espíritus,
a través de cristales llenos de polvo,
nos mirará pasar aburrida,
indiferente.

El mundo está lleno de bahías
repletas de caracolas abandonadas,
jarcias sucias sobre la olas,
velámenes desgarrados,
las quillas de los sueños pudriéndose al sol.

La vida es solo mucho trabajo,
transitar la tierra sin rumbo,
amar sobre todas las cosas,
dejar caer semillas al viento
por la ventana, por los balcones o los libros.

Que detrás de mí crezcan
frondosos bosques de alisedas,
cortinas de monarcas mariposas,
no incendios desaforados.

He aprendido que la vida no tiene apegos,
ni armaduras.

Mejor hazte un hedonista alegre,
un estoico griego, un monje franciscano,
una monja con sus votos de humildad
y de silencio.

Declara tu objeción de conciencia con esta vida
de rebaño que nos imponen y vive la tuya propia
asumiendo sus consecuencias.

He aprendido que cada momento
es el único tesoro que existe,
ese que tienes entre los dedos
y te pellizca.

Si te zambulles en él llegarás
a una verdad irrefutable:
la realidad, la única que conozco,
es esta, el océano de ahora mismo.

Sólo tenemos ahora, hoy,
ni ayer, ni mañana, ni nunca.

La insoportable levedad del ser
que llevamos sobre los hombros.

La vida te envuelve
con su dulce rumor de enjambre,
con la luz tamizada por el visillo,
con la sombra del árbol
sobre el agua que corre parlanchina
por la acequia.

La vida es la mula mágica de mi niñez
tirando de la noria del tiempo:
de la mañana hasta la noche
y de la noche hasta la mañana.

La vida está repleta de instantes como capullos:
inspíralos para embriagarte hasta los huesos.

La vida es tanta que, si no entrecierras
los ojos, nos ciega,
nos encandila dejándonos a oscuras,
a solas, ávidos,
siempre a la compra de algo nuevo
para encender una chispa en nuestra sangre.

Pero el único milagro es este:
la vida, todo lo que nos rodea
por fuera y por dentro,
nosotros mismos.

Este viaje: el tuyo, el mío, el nuestro.

Este tránsito indescriptible sobre La Tierra.

Más allá nada hay,
sólo el más absoluto vacío,
la nada inenarrable.

CADA DÍA

Cada día me despierto un poco más temprano.

Me pongo en pie y ya empiezo mi batalla,
mi combate con la desmemoria,
con mi pequeño olvido cotidiano
en la punta de la lengua.

A veces, en medio de la incertidumbre,
me pregunto qué hago aquí,
qué andaba yo buscando por el mundo,
dónde estoy ahora, que no me encuentro.

Serán cosas de la edad,
de mis neuronas desgastadas, supongo.

Sexagenario -qué palabra- que ya soy.

No me acostumbro
a mis recónditas esquizofrenias,
a las rumorosas tertulias de mis entrañas.

A veces, en el aire, entre las sombras,
me parece escuchar a mi abuela
conversando con sus espíritus.

Cuando sopla el viento
oigo voces, rumores de aeroplano,
caracolas perdidas
en los graves acúfenos
que me susurran en los oídos.

A veces, es tanta la insistencia,
que me detengo y pongo atención:
la artrosis crepita como una oruga
en mis cartílagos transparentes,
el pulso con su arritmia galopa
el pellejo tirante de mis arterias,
la tamborada de mis tripas rumiantes.

¿De qué me estarán avisando
mis vísceras escandalosas?

En la lejanía doblan a muerto las campanas de la iglesia.

Salgo sobrecogido a la calle a preguntar el nombre,
recordarlo, ponerle cara, escribir su esquela,
situar las fechas importantes,
dar el pésame a la familia,
seguir el protocolo de la muerte tan necesario
para nosotros, los vivos.
Tomo la firme determinación
de seguir viviendo con todas mis fuerzas,
con ese mórbido y agradable escalofrío
de pensar que el difunto de cuerpo presente
no soy yo, es otro.

¡Qué suerte la mía!

Tengo que echar mano de las herramientas
del principio de los tiempos,
las más simples y sencillas de la vida diaria,
cada pequeño conjuro
que ilumine el vacío, que espante
la presencia de la muerte alrededor.

Bebo mi café amargo, intenso,
que me vaya despertando con sutileza
para que no me asusten
tanta hambre, tanta miseria, tantas guerras del mundo.

Riego el cantueso que vive
en su maceta verde,
en el alféizar de la ventana,
a la recacha tibia,
sediento por los ardores del verano.

Alzo la voz con mi alegre saludo
de buenos días a Antonio, el maestro albañil,
que me observa desde la acera de enfrente
camino del bar para su café de madrugada.

Me responde alzando su brazo
como un pañuelo de fiesta
que se desborda.

Entonces tiene lugar el milagro:
cuando pongo en cada gesto la conciencia,
liturgia a liturgia, rutina va y rutina viene,
por arte de birlibirloque
se colocan las piezas del puzle,
cada una en el sitio exacto
de mi mente que construye el mundo
entre infinitos mundos posibles.

Me acuerdo de quién soy otra vez
y te escucho en el dormitorio, arriba,
perezosa y negligente entre las sábanas.

Siento un calor lejano,
como de ascua, de lava latente,
en el pecho.

Oigo tus pasos bajando la escalera
y te saludo con alegría honda,
como si fuese la primera vez
que te hubiera visto.

El café humeante y aromático
que te hago cada día como si me saliera del alma,
espera en su vidrio de transparencias
la adorable sensualidad de tu boca.

Te plantas ante mí, alta como eres,
y me saludas dejándome
con tu mano una caricia,
un roce de ternura sobre mi hombro.

Me miras y el azulillo
de tu mirada está hecho
de los mares terrestres.

Me rodeas con tus brazos largos
que me abrazan como madreselvas.

Tu beso de plumas
sobre mí labio sabe a sueños.

Te sientas a mi lado
feliz, jacarandosa,
y siento, encandilándome,
que traes el sol prendido en los ojos.

Así es siempre este milagro
de la vida hecha costumbre,
como el pan nuestro de cada día.

Yo, incrédulo, insignificante,
soy tan dichoso, siento tanta plenitud,
que tengo que pellizcarme para creerlo.

De pronto, mi cuerpo y mi mente
descifran el mensaje:
"créetelooo, siéntelooo, víveloooo..."

Me decían con su siseo helado
el muerto enterrado en su tumba,
mi abuela y sus espíritus sentados
en animada charla entre las sombras.

DIGO TU NOMBRE

Cuando amanece digo tu nombre, Nicoleta,
y el aire se puebla de zumbidos de abejas laboriosas.

Tú cacharreas en la cocina,
amasas harinas, las retuerces,
con los pases de tus manos mágicas
creas fantasías de hojaldre,
humedales de bizcochos,
cápsulas de segundos irrepetibles
que me das a probar con los ojos cerrados,
como un beso.

Vienes alegre y bulliciosa descubriendo
celosías de chocolate amargo,
rechonchos budas meditabundos.

Por allá, en las alacenas,
estallan recónditas burbujas aromáticas.

Sobre el mármol chascas tus dedos
espolvoreando polvo de canela,
raspando semillas de haba tonka de las Antillas.

—Cierra los ojos—, me dices,
y aparecen de la nada trampantojos de sueños.

Por la tarde vuelvo a nombrarte
con tu apellido abolengo:
"Lupus", como un bruja buena de los cuentos.

Tú reduces la luz en almíbar,
escancias en licor las horas, y yo existo,
pletórico como un niño jugando
desde el alba al crepúsculo,
con la ebriedad de los pájaros
en las arboledas.

Por la noche pronuncio tu segundo nombre
que tiene reflejos de cristales oceánicos,
del ámbar remoto de las puestas de sol.

¡Cristina!, te apremio,
para que te subas a dormir
y dejes tranquila reposar la masa madre
en los lebrillos.

Llegas como un torbellino
y la atmósfera del cuarto
se hace tibia, luminosa,
como la noche en los trópicos.
—¿Cuándo va a parar mi rabo de lagartija?,
te pregunto mientras te desnudas.

Te tiendes sobre el lecho
y tu abrazo me calienta
con las brasas traviesas de tu sangre.

Inspiro profundamente y pienso,
a golpes de latidos emocionados,
que acaso nunca una voz
nos llame desde los caracoles de las galaxias.

Acaso jamás alcancemos el remanso del orden
de las cosas, ni descubramos el sentido de vivir
en medio de la infinita soledad del cosmos.

Quizá somos seres únicos y absurdos,
voraces impasibles, y cínicos traidores,
y hechizados asesinos, siembre al borde de la extinción
al doblar cualquier esquina del tiempo.

Acaso la soledad y el polvo serán las últimas palabras
que nos nombren.

Así ha de ser y será.

Da pavor y es triste.

Pero mientras, cuando te nombro,
hablo del mundo que me cabe en el cuenco
de las manos, mi mundo habitable.

El murmullo de cigarra infinita de mi mente,
el run-run incesante de mis células,
mis angustias, se calman.

Estoy en paz y soy feliz,
con toda la felicidad culpable de haber tenido la suerte
de estar vivo y poblar desnudo la tierra.

Cuando me llamas tú,
—¡Ven, Joselito!, mil veces al día,
imperativa, urgente,
con tus diminutivos cariñosos,
sé que vas dejando con tu voz
las huellas de azúcar efímera
de mi paso por el mundo.

Gracias mi amor por el regalo de que existas.

Porque ya, pase lo que pase,
acurrucados el uno en el otro,
en el espacio y en el tiempo,
seremos Nicoleta y José Antonio
para siempre.

MI MUERTE

Cada cual ha de morirse
a solas consigo mismo,
de un golpe, de un desgarro,
de pronto, lentamente.

Con su muerte, la suya propia,
no la de nadie, con la que le haya
tocado en suerte o en desgracia.

Porque hasta para morirse hay que tirar los dados.

La muerte que llevamos escrita
con químico alfabeto.

Vivimos toda la vida ajetreados,
huyendo del instante,
en el pasado, en el futuro,
en un lugar llamado nunca.

Tanto acopio, tanto equipaje,
tanta materia que nos envuelve
como cebollas amargas
y a la hora de morirnos, justo entonces,
no tenemos enseñanzas, apenas
unos cuantos la póliza pagada de decesos.

Olvidamos la cultura de la muerte,
que es eterna, y aprendimos el despilfarro
de vivir, que es efímero,
apenas un parpadeo cósmico.

Pienso, lucho, hablo con ella,
la mía, desde hace tiempo.

Me va enseñando la humildad
para ir haciendo las paces
conmigo, contigo más tarde,
puede que algún día con el mundo.

Me ha costado años y angustias
asumir mi muerte absoluta,
que no firmé un contrato
de nuda propiedad con la tierra,
y que amarte puede que no sea para siempre.

Solo una breve escritura
de atómica electricidad
en usufructo, escrita en el aire.

Porque nada es mío:
ni mi cuerpo con sus atuendos,
ni mi vida con sus tesoros,
ni las horas espléndidas que viví
en los patios vecinales
de las casas cordobesas.

Se borrarán los sueños
de las mujeres dormidas,
cuando apoyaba mi cabeza enamorado
sobre sus caderas interrogantes
y me quedaba noches despierto
para mirarlas.

No he visto nada más hermoso
que una mujer desnuda, dormida,
que sueña.

Las constelaciones como tigres
se comerán las moléculas
de mi carne dulce, mi ácido tuétano,
la cal salada de mis huesos.

Nada quedará de mis artefactos de palabras,
de mis tardes con sus pájaros,
de mis noches de verano con sus hogueras,
de aquellos agostos ardientes
en que besaba tu boca
para beberme el sol.

Llegará el día y espero tener hecho mi balance,
todos los deberes acabados,
escrito mi cuaderno de bitácora.

Antes de irme lo esparciré
por los arrabales del mundo,
que vaya y que venga por azar caprichoso
en las manos del viento,
que se deshoje como mis alamedas otoñales,
que encienda la candela el inmigrante en su chabola,
que se pudra en la cuneta,
junto a la calavera sin nombre.

Deshaciéndose en remolinos hoja tras hoja,
esperándote a ti.

Acaso vengas un día de pérdidas
y te sientes en soledad a leer estos apuntes,
igual que yo leí muchas páginas,
libros y más libros
de hombres y mujeres
para mirarme en sus espejos,
bebiéndome sus pócimas.

Todos somos caminantes del polvo,
huéspedes reflejados
en las paredes de la caverna.

Quizás tenga tu inventario
las ruinas, los olvidos,
los intereses egoístas, los cuentas falsas,
los debes y haberes que yo tengo.

Puede que te emociones al verte
en mis errores y tachaduras,
en mis divisiones equivocadas.

Ojalá una diminuta luz,
apenas una llamita,
la velita en aceite de mi abuela,
encienda tu alma un segundo,
porque entonces mi testamento
habrá merecido la pena
y tendrá un poco de sentido,
una pizca de significado.

Con eso me sobra.

¿Qué más podemos pedir
en la infinita vastedad del cosmos
que ser una chispa que se enciende
dentro del alma
de ese ser tan extraño
que vive al lado nuestro,
puerta con puerta,
piel con piel?

¡Tú, el ser desconocido
que amo desesperadamente!

ESTA NOCHE

Recuérdame así, con esta quietud mía,
mirando absorto la luna llena
con su radiante blancura de cal,
hasta cansarme la vista
o me rinda el sueño.

Recuérdame envuelto en sus mareas,
etéreo en la tibia noche de verano,
con su fulgor de leche tibia
impregnándome las sienes.

En cada centímetro, en cada poro
de mi piel, con cada inspiración
me iré llenando de luna llena,
de noche fresca de verano.

Cuando ya no esté,
cuando me haya ido,
volverás sobre estas hojas
donde dejé constancia
de mis milagros terrestres.

Aquí volveremos a encontrarnos.

Tú me mirarás fíjamente,
la luna llena reflejada en mis ojos,
la frente perlada de cal:
en éxtasis.

Tú, la luna y yo,
eternos los tres en esta hoja,
para siempre.

MI PRIMERA ESCUELA

Mi abuelo me llevaba a la escuela
temprano en la mañana, si era verano;
por la tarde al sol, en invierno.

Mi pupitre era un desgastado brocal de piedra,
cuajos del tiempo y la caliza
entre el sueño de los fósiles:
conchas elípticas, almejas rayadas,
diminutos trilobites enrollados,
sinuosas escolopendras.

Con todo el tiempo del mundo,
me encantaba despertarlos
hurgándolos con las uñas,
con alguna piedra de cortante filo,
con un trozo de mohoso alambre.

Un aula de esquinas infinitas
bajo la sombra de las acacias dulces,
la mañana con su bóveda de frescura,
los trinos de los pájaros,
la tarde como un brasero ancestral calentado al sol.

Aprendí lecciones del arroyo,
del rumor de las hojas,
del paso lento del día,
del atlas de las nubes,
de la luz que jugaba con los espejos de los álamos.

Pero yo no soportaba,
no entendía a mi maestro ,
su lenguaje incomprensible,
el silencio de mi abuelo sentado sobre la piedra.

Cuando yo quería pronunciar
una palabra, alzaba un brazo
y me callaba con un gesto
que abarcaba el mundo.
"Niño, abre bien los ojos y las orejas,
aprende y cierra la boca,
porque aquí, ahora, todo está dicho".

Mi abuela con sus letanías supersticiosas.

Mi abuelo con sus adivinanzas,
sus enigmas abstractos.

Lecciones magistrales de la vida
en sus pizarras de luz,
en las acuarelas de las cosas,
en el pentagrama que escribían los pájaros.

El alma de la piedra,
del fósil y de la esfinge.

La cigarra con su canto ensordecedor,
el runrún de enjambre
de la vida terrestre,
su eco remoto en el silencio
cóncavo de las galaxias.

Los gases ardientes
de las nebulosas,
la química de la sangre
por nuestras arterias,
las hogueras del verano,
las noches de licántropos embrujos,
nuestros aullidos de lobos
en celo a la luna llena,
mi añorada infancia
en su paraíso perdido,
todo lo que viví titilará para siempre
en el cero casi absoluto del cosmos
por la escuela primaria de mi abuelo.

MI ABUELO

Mi abuelo era un hombre de pocas palabras,
de infinitos silencios,
de miradas contemplativas,
de quietudes insoportables para un niño.

¡Cuánta sabiduría guardaban sus manos!

¡Cuánta destreza en sus dedos desgastados
por la lija del tiempo!

Alguien, otro viejo del lugar,
le enseñaría en su juventud
a fabricar unos reclamos de codornices,
y él, tras muchos intentos de prueba y error,
con infinita paciencia,
se convirtió en el más diestro
fabricante de semejante artilugio
en toda la campiña.

Utilizaba el fémur del muslo de un pollo
-quizás de una pata de conejo-
para fabricar un pequeño cilindro.

En él horadaba con suma pericia
varios y desiguales agujeros
por donde se escapaba el aire,
las notas irresistibles
para las codornices enceladas.

La otra parte del invento
era de cuero blando y flexible
que hacía las veces de fuelle.

A mí me parecía,
al mirarlo,
la barriga rechoncha
de un abejorro gigante.
Todo cosido con hilo bien encerado
para que el aire solo pudiera escapar
por su agujero correspondiente.

Durante horas se dedicaba a su afinamiento,
extendiendo y aplastando el fuelle
sobre la palma de una mano
con varios dedos de la otra,
probando a taponar distintos agujeros
hasta dar con la exacta melodía.

Allá que nos íbamos felices
a las eras de rastrojos
al refrescar la tarde,
a poner en práctica
la engañosa efectividad del invento.

Tendíamos la red sobre los pastos
mientras permanecíamos ocultos
tras de un lentisco, de una jara pringosa,
de una cornicabra brillante,
de un viejo y retorcido acebuche.

Entonces, con gestos medidos,
mi abuelo se colocaba
el instrumento sobre la palma
de su mano izquierda,
estirando y comprimiendo el fuelle
con la presión necesaria,
la justa para que saliese
el canto de codorniz en celo,
irresistible para los machos
en sus combates ardientes por las hembras.

Doy fe, después de lustros transcurridos,
de la destreza musical del invento.

Incluso adquirió cierta fama por los alrededores,
y su pericia se hizo eco en la capital,
de la que vinieron algunos señoritos
en lujosos coches negros
para comprárselo.

¡Qué orgulloso se sentía
cuando contaba la venta y sus ganancias,
exiguas, sí, pero fruto de su agudo
ingenio, de su pericia magistral!

¡Qué tesoro incontable guardo
en lo más hondo de mi alma
de aquellas tardes veraniegas,
las redes tendidas sobre los rastrojos,
las codornices moteadas en las puestas de sol,
la espera expectante agazapados en el matorral,
en decúbito supino sobre la tierra,
ocultos al ras de los machos!

¡El canto que se iba
en ondas mágicas por la atmósfera!

¡El pequeño pájaro de pecho palpitante
entre las manos del abuelo!

¡El sol que se escapaba
del mallazo de la red
cuando sus dedos liberaban al pajarillo,
sus saltones ojos de azabache
espantados por el susto!

¡Qué no daría yo por tener ahora
aquel instrumento para irme cada día
a cazar mis pájaros de tizne
por las tardes de verano!

El verano que ya voy
contando cada mañana,
cada tarde, día tras día,
quizá el último
que me quede sobre La Tierra.

SOY

Soy, en primera persona
del singular del presente de indicativo,
no conozco otra manera de ser.

Pero muchas veces he conjugado el verbo
en la segunda persona del singular, o del plural,
para darte mi voz y nombrarnos a todos.

Soy, somos, te decía,
demasiado humanos,
demasiado débiles,
y sublimes también, inexplicables,
porque arrastramos
la complejidad cuántica de la vida:
el polvo de las estrellas,
el milagro de los hallazgos,
el azar de las incógnitas
de los que estamos hechos.

Me reconozco una endeble criatura
de trémula y azarosa materia,
de tendones torcidos,
de nervios rotos, de órganos permeables,
de huesos blancos, de sangre espesa,
sangre ardiente y brillante por las carnes
que devoramos a la brasa,
ebria por los brindis de tantos vinos descorchados,
bulliciosa por la células sublimes
que nos habitan.

Creo que, a estas alturas,
ya nos vamos conociendo.

El universo nos esculpió
con el barro cocido y los sillares
de las civilizaciones enterradas,
la arcilla rota, las palabras ardiendo
de las bibliotecas humeantes,
reducidas a cenizas.

Con las ascuas de los sacrificios a los dioses
maduramos con el tiempo y la cultura,
con la guerra y los lenguajes,
con la lectura del libro
en medio de las matanzas.

Soy tan humano como tú y él,
te decía.

Me miro en ti, nos miramos
y sentimos radiantes
que somos seres absolutamente
pluscuamperfectos,
inmunes al cambio, a la naturaleza
efímera de las cosas.

Somos seres infinitos.

¡Que el universo cambie de punta a punta
—proclamamos de parranda,
abrazados en nuestras borracheras—
para adaptarse a nosotros, los hombres!

¡Nos debe pleitesía, y vasallaje nos debe, y juramento,
porque somos los únicos reyes de La Tierra,
el pueblo elegido por los Dioses extinguidos!

VIVIR EN LA TIERRA

Vivo en La Tierra,
en la casa terrestre que construí con mis manos.

En mi casa vieja de etéreos inquilinos,
de fantasmas levitantes,
de sombras perpetuas
en medio de pasiones milagrosas,
con una bellísima criatura
que se llama Soledad que estaba serena, dulce,
enigmática, acompañándome.

He pagado mi hipoteca con monedas de desiertos,
derroché los frutos exuberantes,
hice impunes sacrificios a los dioses
con la sangre de los seres vivos.

Eso he hecho cada día
desde que nací:
despilfarrar a destajo,
como si no hubiera un mañana
para nuestros hijos,
porque el mañana no existe.

Para eso somos los dueños de la creación,
los ególatras Homo Sapiens Sapiens.

Cada tarde busco un poco más
la querencia de la vida, como el viejo
toro bravo que perdió sus ímpetus.

Allá que me voy a lavar mi conciencia
con el agua bendita de los arroyos,
acallar mis rumores culpables
sentado en el pupitre de piedra,
en la escuela de los acacias infantiles.

Apoyada mi columna sobre la corteza rugosa
escucho con temblores el trino del abejaruco,
los cuchicheos de la brisa entre los jaramagos;
descifro el sentido de la vida,
la huella de mi pie sobre la hojarasca,
trazo viajes por los mapas de las nubes.

En mi voto solitario,
en mi vida monacal con su silencio leo lenguajes,
miro los rumbos de las hormigas
por los caminos de humus,
los bailes mágicos de las abejas
sobre las corolas,
compongo poemas temporales
en el espejo del agua,
tan inocente, tan niña, que rebosa
y se cree indestructible,
que no morirá nunca.

Regreso al caer la tarde sobrecogido,
lleno de luz para conjurar la noche.

En el lecho levantamos defensas
a fuerza de palabras amorosas,
de abrazos y susurros enredados,
de ternuras con besos caníbales.

Nos abrazamos con el flujo y el reflujo
de los latidos de la existencia.

Hablamos de los amores y las glorias
y los tormentos que vienen siempre juntos,
en orden imprevisto.

Compartimos esta realidad inconmensurable
labio con labio, piel con piel para calentarnos.

Dormirnos como imanes curvos,
tapándonos los huecos.

El fuego más adorable sobre la tierra
es el ascua de tu cuerpo bajo las sábanas.

Cuando amanece
nos ponemos manos a la obra
—tú con cacaos y harinas,
yo tendiendo redes a las palabras—
para crear el mismo conjuro
de las pinturas rupestres,
el milagro con su bebedizo
que nos borre la nada insoportable
que nos aguarda.

Intentando el amor una vez y otra,
porque quizá cuanto más te ame,
más te desee, cuanto más te idolatre
como a una diosa fecunda,
menos me dolerá cuando me vaya,
el terrible momento
de exigirme la vida mi tributo impermanente,
el instante de asumir para toda la eternidad
el inmenso vacío de tu ausencia.

Habré amado con todas mis fuerzas.

Podré morirme en paz y satisfecho.

SUEÑOS DE AMOR

Recorrer náufrago la orillas de un cuerpo.

Embriagarse en la atmósfera de una piel que transpira.

Llamar con roces de los labios,
con caricias desesperadas,
pedir auxilio con señales de humo dormidas
sobre el horizonte.

Respirar el aire espirado de una boca,
beberme tu sed arrebatada.

Pedir al borde de la noche fría
el refugio de tu voz, las ascuas de tu sangre.

Fondear las bahías de los abrazos,
el abandono de mi sueño en otro sueño.

La luna de unos ojos en mi órbita
desatando las mareas
de mis deseos incontenibles.

Escribir poemas con las yemas de mis dedos
sobre unas caderas interrogantes.

Esculpir a mordiscos una columna,
cincelar con mis labios
la deliciosa curvatura de unos hombros.

Tantear en cada huella, en cada desgarro,
en cada poro la geografía de un cuerpo.

Hacer del día templos meditantes,
quemar el incienso de las horas
con nombres y adjetivos.

Desnudarse ante unos ojos para renacer.

Regalar todos mis atributos,
mis señas de identidad,
mi pasión desatada y mis heridas.

Tanto puse en el cuenco de mis manos
que ahora, tan lejos, pasado el tiempo,
he vuelto rendido, desarmado, roto.

Cuando mi abrazo levantado decía adiós,
comprendí la realidad y se me abrieron
las penumbras:
que yo solo había sido la luz del ardiente verano
buscando un resquicio,
una rendija invisible para entrar dentro de otro.

Comprendí que los sueños de amor
nunca nos despiertan de nuestro sueño
de crisálidas.

EL AMOR

Amo, ahora, aquí,
en este mismo instante,
ya no ayer, ni mañana, ni nunca.

Ahora, solamente.

Amo con todo lo que sé,
con todo lo que soy,
con todo lo que tengo,
intentando que ambos verbos
signifiquen lo mismo.

¿Desde cuándo
soy capaz de amar así?

Me pregunto a veces.

Intento recordar, rememoro,
abro las tinieblas de la vida,
me pierdo en el vacío,
en la nebulosa oceánica
del tiempo.

La sangre me dice
que ya amaba yo de otra forma
antes del clavel, antes de la abeja,
antes de graduarse los escarabajos
en la escuela del estiércol.

Cuando aún no había sobre las cosas
nombres, ni fechas, ni suspiros, ni metáforas.

Cuando nada existía,
ni el tiempo siquiera, ni el espacio,
ya amaba con mi cuerpo y con mi mente,
aunque aún no fuera yo ni tú fueras tú.

Era entonces, muy atrás, cuando
no se escribían ríos las orillas solitarias,
ni había nacido el cieno de los deltas,
ni el primer beso
profanara la quietud de un labio,
ni la primera nube quedase encinta de lluvias.

Cuando aún no había nada
que fuera una sola cosa existiendo.

Porque fue antes de que naciera la aurora,
antes de que las tardes abriesen
sus bolsillos incendiados.
Antes de Adán y Eva,
antes de la cópula de la vida
en la mente de Dios,
cuando el amor se creó a sí mismo
de la nada en un instante,
en un soplo de milagros cuánticos.

Allí tuvo
la vida su primer parto,
dos gemelos monocigóticos y prematuros
compartiendo la misma placenta,
nacidos a la vez, uno dentro del otro,
como una sola criatura
hecha de espacio y de tiempo.

En aquel lugar,
en ese instante,
con las primeras moléculas del amor como testigos,
desde entonces amo yo con toda mi alma.

YO

Es el tiempo el bálsamo,
esa cura de paciencia y lentitud,
es la carne con sus batallones
haciendo guardia por la sangre,
pidiendo el dni a los microbios,
el suicidio voluntario de las células
que se inmolan en el crisol de la fiebre.

No soy yo quien dice ser yo,
aunque no se calle nunca
y no deje hablar a nadie,
un egocéntrico empedernido.

Es ese murmullo de muchedumbre
reunida en asamblea en el ágora de mi cuerpo,
ese milagro del micelio oculto bajo la piel
que hacemos nuestro con las palabras.

Todo empieza por ese pronombre posesivo
tan inocente: mío, declaro,
y me quedo tan a gusto.

Porque somos de la vieja escuela
que puso la realidad a su nombre.

En primer lugar, yo,
yo mismo, de mí solo,
de nadie más.

Yo, que me nombro con esa vibración
sonora que emiten las cuerdas vocales
de mi garganta.

Para tus oídos,
fuera de la caja resonante de mi cabeza,
suena mi voz distinta,
en otra melodía de cigarra.

Los manojos y gavillas de mis músculos
son de mi propiedad, igual que mis nervios
acalambrados, mis oquedades óseas,
mis fábricas viscerales, los crisoles
infinitos de mis bacterias.

En todos los instantes que vivo
voy poniendo mi yo absoluto por delante.

Cada vez más oscuro y tenebroso,
más alejado de la madre Tierra.
Cada vez más emperador de los sentidos visionarios
y las orgías químicas que me recorren la sangre.

Yo digo, yo hablo, yo quiero,
yo amo, siempre en primera persona.

Siempre yo.

Yo.

Yo.

No obstante,
antes de alumbrar el fulgor del lenguaje
en mis sienes, antes de tenerlo escrito
en la punta de la lengua,
mi cuerpo ya me la había dicho.

Antes del pensamiento ya lo escribieron
mis neuronas con todos sus apuntes carnales.

Antes de ser yo el dueño de mí
ya había tomado posesión el cosmos
de todas las cosas.

Así, de este modo he de hacer frente
a la realidad, poniendo lindes con las palabras
a las auroras boreales,
cerrando en apriscos las tormentas,
usurpando los verbos infinitos
con predicados embusteros,
mirándote desde la hondura de mis ojos
con una mirada indivisible
de materia viva, caliente y palpitante
oculta tras el proscenio,
detrás de la máscara
de ese abstracto artilugio,
ese títere colgado de hilos invisibles
que dice que soy...

¿yo?

Perdóname las huecas elucubraciones
propias de las noches largas y el insomnio.

Perdóname que, para decirte la verdad,
no pueda dejar de mentirte,
o de esconderme.

Al fin y al cabo los lenguajes son simbólicos
y ponen voz a esas figuras tambaleantes
que nos habitan en los abismos del cuerpo.

Adoro esa preciosa metáfora de Platón.

A fin de cuentas, tiendo mis redes
entre las copas de los árboles,
entre los tallos de los rastrojos,
cazo mis bandos de palabras,
mis pequeñas codornices asustadas,
te escribo estos sesudos poemas
con el peso atómico de la vida,
con toda la memoria genética de mis ancestros.

Soy quien cree ser, actúo según mis principios ilegibles,
vamos tú y yo de la mano paseando juntos por el polvo
en animada tertulia, regocijándonos
con tanta efímera y sublime existencia.

Y sin embargo,
yo soy mi primer y absoluto desconocido.

No me creas ni una sola palabra.

Yo no soy yo.

El universo entero está dentro de mí,
y no lo conozco.

Ya lo decía el oráculo de Delfos:
"Conócete a ti mismo".

ARENGA EN FEMENINO PLURAL

¡Qué puta vida!,
exhalas con amargura
oyendo la noticia del asesinato
de la enésima mujer a manos de un hombre.

Entonces me miras
clavándome el azulillo de tus ojos
en mi pupila negra.

¿Por qué?,
me preguntas como una pedrada.

Siento la vida entera en la levedad de tu piel,
en el espasmo de tu suspiro.

La hipnosis de tu mirada celeste.

Quieres respuestas ya, ahora mismo,
respuestas que yo no tengo.

Te sientas en el sofá, con tu espera
impaciente al acecho
mientras te ruedan lágrimas de sal por las mejillas.

Tengo que buscar respuestas
o tu llanto me hará pedazos.

Apunto lugares comunes, vaguedades:

Cumplimos durmiendo,
entre sueños y pesadillas,
un tercio de los años,
y los dos tercios restantes
nos arrastramos sobre la faz de la tierra
odiándonos con ahínco,
matando al extranjero,

despreciando al inmigrante,
abandonando a su suerte
en el océano embravecido
al pobre desgraciado
en su patera desarbolada.

Tu llanto poco a poco se va haciendo tormenta.

Está bien. Iré al meollo de la cuestión,
siéntate tranquila a escucharme,
y deja de llorar, por todos los muertos
de mi abuela te lo pido,
vida mía.

Te quiero abrazar pero deshaces mi abrazo.

Entonces te miro fíjamente porque poco a poco
te iré dando el nombre de los culpables.

A ver, me explico,
tú lloras con el mismo dolor
de la madre naturaleza
y yo escribo porque las palabras
son mi único hogar,
mi arma y mi muralla,
mi último refugio.

Asientes, pensativa.

Entono el Mea Culpa patriarcal,
antiguo como las civilizaciones.

Los hombres que fabricamos el mundo,
los dueños de los vientres femeninos
que desprecian a tus hijos
—porque solo son nuestros para hacer con ellos
lo que nos dé la gana, que conste—
acabaremos con la Tierra,
te doy mi palabra de hombre,
mi genocida juramento.
Ahora seré el juglar errante,
tu poeta enamorado.

La madre Gea morirá de vieja,
dentro de miles de millones de años,
devorada por los estertores ardientes
de un sol moribundo,
o envenenada por los parásitos bípedos
y voraces que somos.

Convalece día tras día en calenturas desérticas,
en sequías alucinadas,
con asmas ardientes de humos tóxicos,
con pesadillas de huracanes y diluvios
quiere librarse de esta estirpe,
de esta especie atroz y devoradora.

Puede que hagamos de ella
el planeta gemelo de Venus.

Aquí persistimos juntos,
en medio de tanta guerra de unos contra otros
y de todos contra las mujeres,
cada cual haciendo lo humanamente
posible para sobrevivir impune:
muriendo o matando.

Ahora viene mi respuesta con tu nombre
y apellidos, directa a ti, personal e intransferible.

La vida sucede mientras tanto,
mientras exigimos un día y otro
por las plazas y avenidas tus derechos
y yo sacrifico mis poemas en la pira del sol
para alumbrar las sombras,
las tinieblas que me atenazan desde niño.

La vida es la voz que dicta cada sílaba
en los renglones carnosos de tu boca.

Cuando te levantes una mañana
de nuestras crisis habituales
verás una arruga nueva escrita allí,
alevosa y nocturna,
más honda y visible,
justo en el vértice de las comisuras
preciosas de tus labios,
enarbolada como una herida,
un ultimátum en la realidad del espejo.

El espejo que te recuerda el impasible tic-tac,
los días que se te escapan incontenibles.

La vida es un milagro infinitesimal
perdido entre la nada del tiempo.

De esa vida te hablaré ahora,
porque me he venido arriba
y mi respuesta a tu pregunta
es ya una arenga desatada.

Nada le importa que nos amemos
más que a nada en el mundo,
o que solo sintamos duros apegos
los unos por los otros.

Nos hipnotiza con la magia
del deseo para fabricar la alquimia
de los hijos en tu carne
y después, desdeñosa y soberbia,
se olvida de tu nombre.

La vida es una sustancia obstinada,
pegajosa.

Se adhiere a las arterias y las desgasta,
se derrama por el bronce y lo desdice,
se ciñe al lienzo para borrarlo despacio,
despacito, con el hambre voraz
de las bacterias omnívoras.

Como niebla durmiente
la llevo yo nublándome los ojos
cuando asesino porque soy tu dueño,
o al acecho en tu conciencia
si te sientes vencida, rota y culpable.

Las religiones reveladas a los hombres
establecieron la secular injuria,
la falacia de vuestra indignidad,
el bulo de vuestra perfidia.

La vida inmisericorde
pronto nos hará pedazos
sobre la tabla periódica de los elementos.

¿Lo entiendes?

Esa es la clave, el sentido.

Significa que ya no te quedan márgenes,
ni te caben dudas, ni la queja te sirve, ni la súplica,
ni las lágrimas amargas.

Si tropiezas y te derrumbas,
si la crecida te lleva
y te arrastra por el cieno,
agárrate fuerte a un árbol
con rabia y furor,
con uñas y dientes.

Cuando te levantes,
llora de coraje entonces, salta de alegría,
da las gracias a gritos desaforados
porque estás otra vez de pie,
herida y desgarrada,
pero invencible.

Ríe como un niño,
con sus carcajadas
de palomas que se asustan.

Aunque se te retuerza
el vientre de dolor en el parto.

Es tu bíblico castigo,
dicen.

¿De acuerdo?
Que te elevas a las nubes como un cóndor
o como la lombriz te ocultas bajo la tierra.

Son gajes de este oficio de vivir.

Pero no te rindes nunca,
y a mordiscos de mandíbulas desdentadas
te comes el estiércol para salir otra vez al sol
y fabricar el humus viviente.

No hay otro remedio
y tienes que ser valerosa
entre tantos hombres cobardes,
temeraria para salir a vivir
entre las sombras de las urbes.

Si el hambre de tus propias células
te devora un pecho,
o los dos, o un trozo de piel,
o una parte de tus entrañas,
lucha con denuedo, con ardor,
no te escondas, ni te hundas,
sal a la calle orgullosa con tu calvicie
a que te vean, a que te escuchen,
porque sigues siendo la mujer más hermosa,
una mujer profunda, vasta,
dura como el acero con diamantes engarzados.

Si te cansas, si lloras, si te pierdes, si te alejas
o te olvidas, aléjate,
pero vuelve de nuevo al ágora
porque el mundo te necesita
y yo te quiero aquí, conmigo,
más que nadie.

Coge tus naipes coloridos, los que te toquen
en el juego sin trampa ni cartón,
juega tu baza con la sonrisa de Buda
y tira los dados siempre que te lleguen,
una y otra y otra vez, con sorna
y desparpajo, porque da igual
el número que salga.

Ese es el sentido,
el único que he descubierto
de la realidad que nos ha tocado en suerte:
la lucha sin descanso,
sin tregua ni cuartel con el tiempo,
el envite, el órdago a la vida.

Rodéate cada segundo que te quede
sobre la tierra de abrazos y ternuras,
llénate la boca de besos
de néctares desconocidos,
perfúmate de rosas, vístete de luces radiantes,
de sonoros oleajes, corre entre delirios nocturnos
y emborráchate con las rojas uvas
escanciadas sobre las copas.

Hagas lo que hagas
y vivas como vivas
que solo tú seas tu dueña.

Así te quiero yo, más libre,
más inteligente, más honda.
Sin cadenas ni ataduras.

Devora hasta la hez cada sorbo, cada segundo,
cada flor, cada tarde, cada sueño, cada migaja.

Sacrifica el milagro ardiente de los millones
de células que viven para ti en cada gota de tu sangre.

Entiende que tú, mujer, no volverás
a existir en el mundo
y los miles de óvulos de tu sagrado vientre
se quedarán huérfanos.

Nunca más serás concebida,
con tu nombre y apellidos,
con tus genes irrepetibles,
en la matriz infinita del tiempo.

La creación no nos dará jamás
una segunda oportunidad sobre el universo,
ni a nosotros, los hombres bastardos,
ni a vosotras, las mujeres fecundas,
ni tampoco a la Madre Tierra.

Así está escrito.

LA LECCIÓN APRENDIDA

Recuerdo que te miré a los ojos
toda una tarde mágica de verano
tendidos sobre la yerba.

Tu piel a la orilla del agua.

Tus ojos como chispas de azabache
que titilaban en la sombra.

Éramos tan jóvenes,
tan ebrios de ardientes lecturas,
tan locos lanzando redes para cazar tardes,
que nunca supimos que enamorarnos
era una borrachera indescriptible,
la vida con sus alquimias en nuestros cuerpos
vertiginosos.

Apenas nos daba tiempo de sentir en la boca
el sabor, el vértigo, la quemadura
de besar unos labios.

Apenas nos llegaban las horas
reunidos bajo los árboles,
el éxtasis de las charlas
fabricando mundos
entre cantos de ruiseñores enamorados
y la señal de alarma de los mirlos.

Todo era un borde inmenso,
balcones infinitos,
el hambre inextinguible
de antropófagos noctámbulos
paseando por los Alcázares de Córdoba.

Sueños trashumantes
nos llevaban por la judería,
por las plazas atestadas,
por los frescos patios,
por las bodegas olorosas
a Pedro Ximénez.

La embriaguez de las mañanas,
las hogueras de las noches,
juntos hombro con hombro
en las manifestaciones y en las huelgas,
rápidos para salir corriendo en estampida
por las cargas de los grises.

Ahora,
sabio de tanto insistir en mis errores,
reconozco nuestro fracaso,
los amarres de prejuicios,
las trampas, las fobias y las filias,
las culpas y los miedos.

La erosión, la lija una y otra vez
de los segundos desgastándonos.

Guardo aquella noche,
después de la sorpresa
húmeda y caliente de tu boca,
las lágrimas en tus grandes
y brillantes ojos negros,
cuando dijiste:
¡diez años, Dios mío, diez años esperándolo!

Me regalaste unas mañanas espléndidas
de lecturas en el patio de los naranjos
de la Mezquita de Córdoba,
irrepetibles noches fosforescentes
de abrazos, de besos, de ternuras,
de embestidas el uno con el otro,
hasta fundirnos.

Aquellos días con sus noches largas
fueron uno de los mejores tesoros
que me ha dado la vida.

Perdurará en lo más profundo,
en lo más puro de mí,
en las membranas de mis células,
en la fragua de las mitocondrias.

Otra alma solitaria
con que la vida,
rara vez y con mucha suerte,
a veces nos acompaña
en la mil millonésima parte de un segundo
que dura nuestro viaje por el cosmos.

POSDATA VITAL

Una advertencia,
hay un poema,
unas páginas más atrás,
que ha escrito ese que no soy yo.
Un poema demasiado oscuro,
y tal vez hubiera sido mejor
haberlo dejado en la sombra,
sin que tú lo leas.

Puede que tenga demasiadas
y abisales filosofías,
ese género de antropología mágica
que me nubla los sentidos.

Es lo que tiene escribir al otro del espejo,
como Alicia, que me he tomado contigo
toda la confianza del mundo
y ya suelto a vuela pluma
todo lo que se me pasa por la cabeza.

Perdón, la carne,
quiero decir.

Así que no te asustes.

Ya te lo avisé:
te enseñaría mis luces y mis sombras,
mis mentiras y mis verdades,
mi cruda, maravillosa realidad,
pero también mi desenfrenado,
mi arrebatado deseo.

Te invité a pasearnos por el borde de las tardes,
tan al límite que te asomaría al abismo de la vida,
porque tú y yo somos casi idénticos, te lo advertí,
y estamos hechos de los mismos átomos simples,
de la misma incertidumbre.

Así pues,
aquí estamos tú y yo ahora,
luego de unos cuantos poemas infinitos,
mirándonos de frente a los ojos,
y nos hemos caído dando tumbos
en las profundidades del otro,
hasta el alma.

Hemos hecho de la mano este viaje.

Te he besado a ti, a ti te he herido
en la distancia, te ha soplado
su aliento demoníaco la bestia en tu boca,
juntos hemos llorado,
y reído a carcajadas de palomas en estampida.

Hemos conjugado el plural
en género femenino de la existencia.

Gracias por acompañarme.

Hasta pronto.

¡Espera!

Una cosa antes de irme.

Se me olvidaba decirte lo más importante
en la dolorosa, inabarcable vastedad del cosmos,
quizá lo único para lo que estamos aquí:

Te amo.

No lo olvides.

SESENTA Y TRES AÑOS

Sesenta y tres años cumplidos sobre la Tierra:
sesenta y tres poemas escritos sobre las páginas.

El poema de mi viaje iniciático a través del canal del parto
de mi madre, impregnándome sus bacterias protectoras.

Cuando fui dado a la luz entre las sombras
de la casa vieja, con las ratas al acecho
haciéndome cosquillas con sus bigotes
y mis carreras persiguiendo lagartijas.

El poema desgarrador de las lágrimas de mi madre.

Mi conjuro de golondrinas.

La casita de barro con sus polluelos hambrientos.

El poema supersticioso de mi abuela,
cuando jugaba al escondite con sus fantasmas.

Cada poema de mi abuelo,
mi maestro vital,
que me enseñó a cazar tardes y codornices,
a surcar los mares del mundo
a lomos de su mula mágica,
a encandilarme con la vida.

Los poemas de primaria
con mi maestro Don Francisco González
en la escuela Duque y Flores,
tan lejos de casa que me compraron
una bicicleta para ir cada día,
cada tarde de permanencias.

Los poemas de los campamentos de los Scouts,
de las irrepetibles acampadas en Sierra Morena
con la pandilla de adolescentes arrebatados
entre hogueras lácteas.

Los poemas del tesoro de los amigos:
Antonio Lillo, Rafael Ceballos,
Gloria Belén, Sole, Quiquín...

Los poemas de mi casa terrestre,
de mis hermanos y sus lenguajes.

Los poemas oscuros de mi padre y sus borracheras,
de su llegada tambaleante que nos daba tanto miedo,
su historia de abandonos y ahorcados.

Los poemas de mis amores desenfrenados,
de mis naufragios sobre la arena,
de mis periplos oceánicos que se perdieron.

El poema de la siesta y las mujeres,
de jinete enardecido en los juegos ardientes de la muchacha.

El poema del monstruo que me arrastró
a la atmósfera cuántica de las partículas del polvo.

Mis poemas de luces y de sombras.

Mi testamento cósmico.

Aquí lo tienes:

lo tomas o lo dejas.

Espero que, apenas con una brizna,
te roce el alma.

ALZHEIMER

Tomaba mi café temprano,
a solas en un parque de arboledas tristes,
mis arboledas de siempre.

Me arropaba del invierno alrededor
mi lectura ardiente, tan honda
que leer y respirar son para mí,
en momentos indescriptibles,
el mismo acto.

Andaba absorto en mis tertulias
de antropología cotidiana con mis gorriones
escandalosos, con mis tordos silbantes.

Entonces, desde atrás
me llegó una voz en una frecuencia
que me abrió la carne como una cuchilla,
hasta el alma.

"Soy una trabajadora del olvido".

Le dijo una mujer a otra,
sentadas muy cerquita de mí.

Un pequeño bando de palabras desconocidas,
extrañas, de ecos profundos, se posó
en las copas de los árboles.

Mis sentidos, todos a la vez,
se abrieron como las corolas en la boca del viento.

"Cada mañana lo despierto con caricias de plumas
por la frente, para que la luz no lo asuste.

Le hablo con melodía de guitarras flamencas
que siempre le gustaba oír asomándose
a su azotea sobre el lento discurrir del Darro.

Lo alimento como si fuera mi niño,
haciendo el aeroplano con las cucharas,
bien pertrechado de baberos.

Lo pongo al balcón tibio de la mañana,
a que se alimente con un poco de sol
y le circule la sangre por las cansadas arterias.

Le leo poemas sueltos de Lorca,
de Antonio Machado,
de Juan Ramón Jiménez,
de Jaime Gil de Biedma
y Ángel González.

Despacio, como los sorbos lentos
de aguardiente que se tomaba
temprano, para no mirar el amanecer
con el estómago vacío.

Lo desnudo por la tarde.
Su brazos como velámenes caídos,
su pellejo transparente, de papiroflexia,
sus piernas trémulas como jarcias,
sus huesos quebradizos a punto de romperse.

Lo lavo con esponjas como brisas,
le unto jabones como besos de caracoles.

Voy secando con toallas de seda
cada trozo de su cuerpo insustancial,
sus miembros de muñeco de trapo.

Le cuento los chismes casuales,
los dimes y diretes de los vivos,
los desahucios y desastres vecindarios.

Hasta le leo el pronóstico del tiempo
en las cabañuelas.

Por la noche, lo tiendo en la cama
con toda la ternura del mundo,
lo abrigo con mi abrazo acurrucado,
le soplo algún manojillo de nardos
para conciliarle el sueño.

Antes de apagar la luz
me asomo a sus ojos,
hundidos en esa luz muerta
de acuíferos profundos.

Se los cierro con las yemas de los dedos.

Ya no es él, mi padre,
el demonio de mi madre,
el terror de mis hermanos,
mi vacío y mi perdón con su penitencia.

La herencia que me ha tocado en suerte.

Ya es solo el patético trampantojo de un hombre.

A mí me toca cada día ser el guardián de su memoria,
labrar cada instante arrancando las malas hierbas,
deshacer en el humus sus terrones abandonados.
Me toca trabajar a tiempo completo
para que el olvido, dentro de mí,
no se lo lleve nunca.

No obstante,
¡qué tristeza que la alegría de mi alma,
mi propia salud, mi vida misma
serían mías de verdad
dejando correr sobre su figura paternal
el tupido velo del olvido,
la eternidad entera con su mortaja!

EL JURADO

Hagamos tú y yo,
aquí y ahora, eso que tanto nos gusta:
hagamos labores de fiscal
y pidamos sentencias ejemplares.

Expongamos los hechos en primar lugar.

Los tuyos o los míos.

Nuestros paseos por las avenidas de escaparates luminosos,
por las anchas aceras entre el zigzag
de las palomas manchadas de churretes,
los pies descalzos sobre la espuma,
viejos jugando largas partidas de dominó
en la playa, a la sombra de la torre del vigilante.

Los tesoros de almiares amarillos
en las llanuras recién segadas.

Los cuerpos vuelta y vuelta sobre la arena,
tostándose al sol.

Mi abuela con su apretado moño,
sus lutos perennes,
regando geranios y jazmines, azaleas
y aspidistras, como un conjuro
en los amaneceres de Almodóvar.

Los cúmulos de sangre sobre el océano Atlántico.

Las ricas pócimas de tus labios,
los vientres de sal,
el escalofrío de las caricias,
los abrazos de enredaderas.

Tantos juegos millonarios a la luz del sol,
manchados de clorofila
al revolcarse sobre la yerba.

Toda la herencia de azares caprichosos.

Todo el ocio sibarita.

Y del otro lado, justo en frente,
las estaciones de sombras y penitencias.

El rosario de desgracias
que queriendo o por dejadez
esparcimos por el mundo.

El miedo, el odio, la furia
sobre el pobre harapiento
con su mano tendida,
sobre el animal inocente
que nos mira con ojos mansos.

Los gestos fríos,
las pupilas xenófobas,
los olvidos, las ansias,
las injustas bacanales y orgías
que descerrajé como exterminios
sobre el vientre de la tierra.

El naufragio de los cuerpos
entre las sombrillas y las hamacas de los turistas.
Los harapos, las hendiduras
sangrientas de las siluestas colgadas
sobre las alambradas indiferentes.

Tanta miseria en los telediarios
que nos dan arcadas hondas mientras comemos,
y cambiamos de canal.

He dado larga y minuciosa cuenta del detalle,
la exposición de los hechos probados.
Ahora harás tú punto por punto
el alegato de la defensa.

Aducirás el eximente de la ignorancia,
el despiste, la desidia, la pereza, el egoísmo,
la avaricia, la irresponsabilidad,
los espejismos psicodélicos
o las fraternales borracheras.

Expondrás los atenuantes
desde el primero hasta el último
de nuestros pecados y defectos.

Si hiciera falta,
ponte a llorar a lágrima viva
como niño malcriado y cobarde,
avaricioso e irascible.

Cita jurisprudencia,
la absolución, la patética y llorosa imagen
del adolescente blanco pidiendo perdón
por la muerte de un negro con su fusil automático.

Después,
visto para sentencia el juicio cósmico,
serán los modernos algoritmos,
la inteligencia artificial recién inventada
—fría, imparcial, justa—
el jurado que analice las pruebas
para dictar por unanimidad absoluta
el veredicto.

¿Inocente
o culpable?

Tú qué piensas.

ESCUELA DE ADULTOS

Mi madre con los ojos llenos de chispas
cuando me enseñaba sus cuadernos,
aquel par de años que fue alumna alucinada
en la escuela de adultos de Alcalá de Guadaíra.

Como una chiquilla enseñando sus juguetes
llegaba corriendo a extender sobre la mesa
sus libretas de colores.

Una a una, página por página las iba abriendo
para enseñarme lentamente sus milagros,
su escritura entre dos líneas,
sus tachones y garabatos,
mientras con voz trémula y titubeante
iba leyendo letra a letra,
sílaba por sílaba.

Mira niño,
me decía abriendo de par en par los ojos
señalando con su índice
los pequeños mares de las emes,
las eses como culebras bailarinas,
los dólmenes de las tes,
los brazos extendidos al sol de la y griega,
las bes de barrigas embarazadas,
los zurcidos de las zetas,
las vaguadas de las uves,
las cruces inclinadas de las equis.

Luego, con voz de niña aplicada,
me iba leyendo los renglones paralelos de la cartilla.

"Miii ma..mááá m..me miiima"

En esas tardes, mi madre, con más de sesenta años,
me hacía llorar desconsolado como un niño.

Me sobrecogían espasmos incontenibles
la ternura infinita de su alma, su alegría desbordante
aprendiendo a leer y a escribir las cuatro letras.

¡Qué mundo nos hemos perdido los hombres
si las mujeres como mi madre hubieran abierto
sus entrañas de sol!

¡Qué planeta azul indescriptible hubiéramos
creado con las luciérnagas de sus ojos!

¡Qué mágico destino el de la humanidad
si ellas hubieran tenido su vida en sus manos,
no en las atroces zarpas masculinas!

¡Qué error tan inmenso dejaron los dioses que ocurriera
cuando pusieron en manos de los hombres
la labranza, la cultura, el pastoreo de los mitos
ancestrales de la Creación!

MANUAL DE INSTRUCCIONES

He seguido el manual de instrucciones del griego Hesíodo
en su Teogonía para abrirte mis entrañas.

Me lo recomendaron Platón y Aristóteles, Homero y Ovidio,
los médicos de cabecera de mi cultura.

He seguido al pie de la letra sus enseñanzas.

Me iba la vida en ello: conocerme con mi nombre
y apellidos, dar cuenta de mi paso fugaz sobre La Tierra,
cayendo inexorablemente en todas las trampas de los dioses
y los hombres.

Ese es el oficio de la vida.

He tomado muchas de sus palabras
para que sigas mis rastros,
para que dieras conmigo,
y tener la dicha de encontrarnos el uno al otro.

Aquellos antiguos helenos tenían comunicación directa
con los deidades primitivas, y escribieron
el prólogo del Génesis,
el tuyo y el mío.

Te dejaré apuntes manuscritos,
palabras clave, nombres como ganzúas,
el cuento maravilloso de la etimología
que nos abre todos los significados.

La primera palabra fue el Caos, el origen de todo,
el principio que nos atrae como un agujero negro,
el que habitaba en la casa vieja bajo la tapa de madera
y las ratas acechantes.

Del Caos nació Gea, la madre Tierra de ancho pecho.

Todas las mujeres nodrizas, mi madre, las muchachas,
las abuelas, Nicoleta con sus pócimas dulces,
las hembras fascinantes de mi historia.

La soledad, que siento como una mujer indescriptible
posando su mano sobre mi hombro.

Cabe señalar que del Caos nació también
una de las fuerzas primordiales del universo,
por encima de los hombres y los dioses inmortales:
Eros.

Luego nació Erebo, la oscuridad,
y Nix, la noche.

De Nix, la bóveda vacía de mis noches eternas
con sus cópulas abstractas con la oscuridad de Erebo,
en amorosa unión, nacieron Hemera y Éter,
la luz y el día.

Del vientre de Gea, a medida que crecí,
nació Ponto, el mar, y Urano, el cielo,
aquel verano irrepetible que vivimos en Chipiona,
mi descubrimiento embriagador del océano Atlántico
y el orbe infinito que lo abrazaba.

Gea y Urano yacieron juntos
y nació un Titán, Cronos, el tiempo,
aquel tiempo que vivió con el niño
en la casa vieja.

Después, segundo tras segundo,
latido tras latido de truenos en el pecho de Cronos,
atravesando mundos de agujeros
con sus monstruos y pesadillas,
cada principio motor del caos,
fue apareciendo el orden en mi vida:
Cosmos.

Aquí te dejo las palabras como cerraduras.

Las pistas para que resuelvas mis oscuras adivinanzas.

Estas son los abracadabras a modo de rendijas
para que me encuentres.

Son principios genéricos y universales.

Te valdrán para que entres en tus adentros,
tan idénticos a las míos,
y te encuentres a ti mismo.

LA PRIMERA VEZ

Fue el último verano con mis abuelos.

Antes de que se marcharan
rio Guadalquivir abajo hasta Sanlúcar de Barrameda,
rumbo a Ítaca.

En el ágora del cielo,
mi abuela en eterna tertulia con sus difuntos.

Mi abuelo fumando sus cigarros fugaces
de instantes irrepetibles.

Eso me decía:

—Niño, tráeme un cigarro,
que ahora puedo fumar unos instantes.

Eran mis días adolescentes
de acampadas bajo los alisos,
de hogueras encendidas,
de giróvagos de tizne.

Mi sangre efervescente,
las voces como caracolas mágicas,
los cuerpos tendidos a la orilla del tiempo,
sueños entre la yerba y los guijarros.

Mi abuelo era ya un silencio interminable
y mi abuela apenas hablaba con los vivos,
cada vez más irreales y difusos.

Conmigo abrían paréntesis de realidad
sentados en sus sillas de eneas,
junto a la vieja mesa con su mantel de hule.

—¡Ay, mi Pepín!,
me decían mirándome entre lágrimas.
Así me llamaban de niño, tan pequeñito
que no llegaba a Pepe, ni a José, mucho menos
a José Antonio.

Ya lo sabéis: nací con poco más
de dos kilos y medio de carne hechizada.

Cuentan que era yo tan menudo
a nuestra llegada del hospital,
tanto me escondí asustado bajo la toga,
que todos creyeron que mi madre
abrazaba apenas un hatillo de trapos,
que el niño había perdido su primera guerrilla,
su primera escaramuza.

Lo cuenta mi madre muchas veces.

Que nací medio muerto, o medio vivo,
quizá porque nadie me había llamado.

Afuera, en medio de la luz,
tiritando entre alaridos,
ya no tuve más remedio
que agarrarme a la vida con todas mis fuerzas.

—Pepín, ¿cómo están tus padres?

—Están bien, abuela.

—¿Y tus hermanos?

—Bien, abuelo.

—¿Cómo van tus estudios?

—Algún notable, varios sobresalientes
y unas cuantas matrículas de honor.

Les contaba sonriente, para que presumieran
de nieto entre los vecinos.

—¡Ay, nuestro Pepín, qué listo y qué formal,
aunque nosotros lo supimos
desde tus primeras letras!
me decían secándose las lágrimas
con sus pañuelos arrugados.

Pasábamos las horas en un patio de azulejos,
con las paredes repletas de macetas
y su pozo resplandeciente,
con la cuerda de esparto y el cubo de zinc
sobre el brocal poblado de helechos culantrillos,
con su garrucha atada a un arco de forja
entre dos pilares de piedra y cemento.

Tomábamos el café de la tarde.

Yo leía, y mis abuelos, en sus mecedoras curvas,
se echaban sus siestas infinitas.

Se oyeron pasos que bajaban.

Apareció por detrás del pozo,
como salida de un cuento.
Una muchacha de pelo azabache,
de piel blanca, de ojos grandes y profundos,
negros como noche sin luna.

Preciosa con su camisa celeste.

Me vio.

Se detuvo con la mano en el borde,
asustada.

Me miró largos segundos,
con la duda en los labios.

¿Tú?

¿Yo?

Pregunté, encogiendo los hombros,
mientras me arrastraban
vientos de levante de sus pestañas.

Su cara se llenó de sol.

Destelló su sonrisa de cal.

Empezó a andar despacio.

Pasó tan cerca que una vaharada
de su olor me cubrió como una niebla
de feromonas desatadas.

Sus dedos me rozaron.

Un calambre recorrió la toma de tierra de mi cuerpo.

Escuché el portón de la puerta de la calle,
al abrirse.

El portazo, que no llegaba.

Me giré, rígido como una gavilla de hierro,
en un escorzo imposible.
Sus ojos, dos puñales de plata hincados en mi carne,
dos rendijas de agujeros negros
haciéndome pedazos con sus mareas.

Cerró la puerta.

Me quedé mudo, inmóvil.

Con una sed ardiente en mi garganta,
la pimienta dulce de su olor pellizcándome la nariz,
mis sienes dos ínfulas dolorosas,
con mi lengua como un pez escurridizo.

Con el tiempo en suspenso,
se abrió la puerta.

Se me hizo un nudo en las tripas.

Allí estaba ella,
apoyada en el quicio.

Avanzó hasta mí.

Sus pezones erectos bajo la blusa.

Su respiración de cascada tormentosa.

Su atmósfera de turbadoras especias.

Mis latidos poniéndose zancadillas,
mis hormonas desbandadas
corriendo locas por mis resquicios.

Rozó mi cuello con sus yemas dactilares.

Se volvió a la orilla del pozo,
con una sílaba en la punta de la lengua.

¡Ven!, dijo en voz baja,
el índice de su mano arrastrándome
con su orden imperativa,
con su gesto ineludible.

Me levanté, no sé cómo.

Me tomó de la mano.

Subimos la escalera.

Cruzamos una puerta de madera con remaches oxidados,
de goznes que sonaban como lamentos.

Me asomé temeroso a la baranda:
mis abuelos seguían en su coro de ronquidos abisales.

Recorrimos un salón con fotos de la muchacha
vestida de novia, en el altar, con los padrinos,
en el banquete.

Llegamos a su dormitorio.

Cerró la puerta.
Me arrastró con suavidad
hasta las sábanas.

Oí su voz rota:
—Mi niño, estate tranquilo,
déjate llevar, respira, que tiemblas
como un gorrión asustado.

Me desnudó con lentitud,
sus dedos ágiles deshaciendo miedos,
desatando nudos y dobleces,
descorriendo visillos de tinieblas,
despejando viejas incógnitas.

Sus manos dos plumas
haciéndome cosquillas,
irresistibles como descargas.
Sus labios dos babosas
abriendo las membranas de mi piel,
hasta dejarme en carne viva.

Cuando su boca se borró a besos sobre mi boca,
fui yo, como una antorcha viviente,
el que la revolcó sobre la cama.

La desnudé buscando sus pechos ingrávidos,
bebí el sudor en el hoyo de sus clavículas,
bajo las esferas de sus pechos,
sobre la duna de su vientre, por el valle de sus inglés,
por las curvas planetarias de sus muslos.

Los cromosomas eróticos de mis genes
le dictaban órdenes a mi boca, a mis manos,
a mis dientes, a mi lengua.

Ella,
con las mejillas arreboladas,
con los ojos brillantes de fulgores encendidos,
se abrió en una V invertida y me puso en su vértice,
rodeándome sus piernas como dos tersas anacondas.

Yo sentí el temblor de la raja que nos trae al mundo,
la grieta sagrada de las hembras.

La muchacha tomó con ternura mi erección juvenil,
mi urgente desmesura,
y la dejó acariciando sus orillas.

Me acercó su boca:
—Despacio, mi niño.

Su voz sonaba a las sirenas de Odiseo,
entre Escila y Caribdis.

Yo,
con Eros a galope de mi sangre,
me hundí entre sedas ardientes,
entre algas viscosas de los océanos,
en sus entrañas pobladas de musgo.

Acompasamos los movimientos
en una misma danza de delfines apareados,
en un mismo vaivén de olas y veleros,
en un mismo flujo y reflujo de llamaradas
que se funden.

Me rodeó con sus piernas,
cerró el arco de sus ingles,
dobló su columna bajo mi cuerpo,
su vientre se contrajo en espasmos rítmicos,
su boca exhaló en mi boca un mantra
que espantó mis sombras escondidas.

Mi respiración daba brincos,
se me nubló la mirada,
entré hasta su pared del fondo,
hasta la última bóveda de su ser.

Ella me sacó de su sima empujando mis caderas,
un segundo antes de desbordarse
mi orgasmo arrasador.

Todo el ímpetu de mi juventud,
toda mi carne se vació entera
con borbotones de nácar
sobre el terciopelo de su vientre.

Mi pecho jadeante
sobre su pecho,
mis ojos perdidos en nebulosas,
mi boca rozando la elipse,
el rosado torrezno de su pezón.

Caricias lánguidas
mientras su voz ronca
repetía una y otra vez:
—¡Mi niño, mi niño, mi dulce niño!

A la mañana siguiente, al despedirme,
cuando cerraba el viejo portón con su aldaba de bronce,
me detuvo mi abuela.

—¿Pepín, has visto a la muchacha de arriba?

—¿Abuela, por qué me lo preguntas?

Mi pregunta como respuesta
para disimular el temblor de mi voz,
mi susto imprevisto,
el corazón que me daba vuelcos.

—Porque es la muchacha que siempre jugaba contigo
en las siestas de verano,
en el patio de la casa de la campiña.
Esa muchacha te quería
más que a nada en el mundo.

—¿No te acuerdas?
Hace poco se mudó aquí y le dije
que vendrías a visitarnos.

Mi corazón se paró por un instante

Mi alma se iluminó de patios embrujados,
de siestas dulces de caricias escondidas,
de juegos de muchachas ardientes
y jinetes enardecidos.

MI DESPEDIDA

Mi casa está a la orilla del viejo Guadalquivir, allá donde el Genil vierte sus aguas de terrosas anacondas, y un pequeño río, el Retortillo, pone la linde entre Córdoba y Sevilla.

Hay alamedas de espejos, cortinas de polen púrpura colgadas en la niebla, lechos donde duermen hombro con hombro gráciles grajillas y oscuros cormoranes.

Las malvasías de picos celestes nadan a contracorriente entre remolinos, los vuelvepiedras buscan renacuajos y lombrices en el cieno primordial y al anochecer, en primavera, cantan ruiseñores enamorados.

Un microcosmos fluvial que huele a peces y tarajes.

Algunos días de verano llegan girantes anticiclones del Sáhara a descargar sus alforjas de calimas ardientes.

Tierras de terrones puestos al sol por las vertederas de los arados. Tostadas llanuras de aluviones curvos salpicadas de pueblos blancos.

En Andalucía, vivo.

Mis vecinos naturales son encinas cenicientas, melojos robles, quejigos marcescentes, alcornoques con el color de la canela, recién desvestidos de sus armaduras de corcho.

Ruidosas, crotoreantes cigüeñas blancas nos observan sobre espadañas y campanarios; entre arroyos y almeces de troncos como patas de elefantes se ocultan sus tímidas hermanas, las negras, más estilizadas y ariscas; linces furtivos acechan bajo las coscojas a las perdices locas en sus cortejos; dehesas frondosas con piaras de marranos de ibérica raza comiendo caracoles y gusanos, bellotas y hongos; encelados ciervos chocando con estruendo sus cuernas entre bramidos desesperados, jabalíes salvajes hurgando entre el humus y las raíces,

devorando entre caleras olvidadas y grises acebuches las víboras ho-
cicudas que se duermen, los alacranes acorazados escondidos bajo
las piedras.

Nuestro paraíso mediterráneo.

En las vegas cultivadas, junto a cauces llovedizos, al llegar las prime-
ras calores se enroscan las culebras adormecidas y los lagartos ocela-
dos miran al sol con las bocas abiertas.

Paisajes de cumbres redondeadas donde brillan las jaras de pringue,
azuladas umbrías de brezos en flor, amorosos zureos entre las agujas
de los pinos de las palomas torcaces y las tórtolas.

Destellos áureos de oropéndolas, onomatopeyas de las abubillas mo-
teadas, parejas de cuervos y urracas haciendo la ronda de los nidos
abandonados.

Jaguarzos sobre las lomas, romeros olorosos, brochazos malvas de
cantuesos, riberas de alisos, exuberantes peonías, valles de cornica-
bras y lentiscos resplandecientes.

Conozco las mundanas avenidas orográficas gastadas por el tiempo,
los surcos sembrados de simientes, de granos y tubérculos, los cerros
de girasoles amarillos como estampas impresionistas, las cárcavas
donde anidan las águilas reales y las chorbas, los cielos de cálidas co-
rrientes por donde van poco a poco, vuelta tras vuelta, ascendiendo
los buitres leonados en las norias del aire.

De todo he tomado curioso apunte a pie del día. Todo ha sido nom-
brado por mi cuerpo y por mi mente -esta simbiosis que somos cada
uno-
para que las cosas y el mundo y nosotros, la existencia misma, ocurra
en sus milagros cuánticos.

Como mágicas resonancias, como un conjuro, así se llama mi calle:
La Luna.

Al lado mía viven mis vecinos terrestres: Paco, Toñi, Belén, Emilio; Rafael "Mateíllo" y Ana, Ana y Alfredo, Teresa y Antonio, "el liebre"; Joaquina y "el maestro" Mancilla, Rosarillo "la flamenca" y José; Benjamín con su taberna, y el bar Ávila, Manuel e Isa, Ángel entre sus macetas fragantes y Loli; en frente, Enriquito "el solitario", retando en sus cogorzas a los gatos con sus lamentos nocturnos como llantos de niños tenebrosos.

Nicoleta, mi esposa repostera de sueños y miradas celestes que anda siempre embrujando las esquinas de aromas imprevistos. Mi hija Andrea, alta y preciosa, con sus fiebres adolescentes. Mi hijo Rubén, sencillo y sincero, nos visita de vez en cuando para contarnos las batallas con los molinos de viento de sus oídos, sus dilemas de tiroides medio apagados.

En los aleros cuelgan sus casitas de barro las golondrinas viajeras y los gorriones, chulos y pendencieros, oportunistas y astutos, a veces las desahucian sin miramientos.

Por las calles de alquitrán corren que te pillo las cogujadas nerviosas buscando sus puestas invisibles. Los murciélagos peludos se deslizan por las juntas de dilatación de los edificios para arrojarse a sus banquetes de polillas noctámbulas.

En los atardeceres de verano nos sentamos para charlar y reír en coros amigables, con amarga cerveza o vino montaraz, hasta la medianoche, hasta que aprieta el sueño o la cercanía de la madrugada apremia con el trabajo, cuando los visillos carmesíes de la aurora despuntan por la raja del Este.

Estos son mis apellidos urbanistas y callejeros, de pueblos serranos y agrícolas, de ríos y campiñas de rastrojos.

Este soy yo y aquí me encuentro tan a gusto.

¡Qué inmensa suerte la mía!

Porque me conocen los pájaros y las gentes.

Porque a primeros de febrero encendemos las noches de candelarias.

Porque viene Marzo con sus amaneceres suaves y ráfagas de azahar embriagan de amores y escalofríos.

Porque tenemos carnavales donde ponemos patas arriba todo lo que existe y nos disfrazamos para desnudarnos el alma.

Porque los atardeceres deslumbran y los días son largos cuando llega Junio y ensordece Agosto con las cigarras.

Porque tengo dorados y preciosos otoños para que maduren las castañas aguerridas, los racimos de uva Pedro Ximénez, las ácidas bellotas y los carnales membrillos.

Estas son mis señas de identidad, mi domicilio en una de las curvas y revueltas de la Vía Láctea.

Me reconozco un hombre hechizado desde mi nacimiento, tantas noches largas mirando la hondura insondable de las catedrales cósmicas.

Guardo a buen recaudo, con siete cerrojos en mi corazón, mi tesoro de recuerdos: el patio infantil de la parra moscatel y las lagartijas iridiscentes, el terraplén con sus piedras de granito como huevos gigantes, el pozo negro con las ratas observándonos. La eterna calle cuesta arriba a la sombra del castillo de Almodóvar. El niño jugando al escondite con las sombras de los cuartos, absorto con la golondrina y sus polluelos escandalosos, temblando de miedo cuando le tiraban de los harapos los fantasmas de la abuela. El niño dando brincos de alegría cuando llegaba el abuelo con su mula mágica para irnos a las eras de algodonales, las mujeres quebradas sobre los matojos verdes con sus manos tiernas abriendo los capullos blancos.

El niño con el milagro de la vida recién descubierto y su madre sorbiéndose las lágrimas de sal, con su padre ausente en sus borracheras tristes y su abuelo José ahorcado de una encina perdida en Sierra Morena. El niño trazando sobre la tierra de aserrín sus viajes y las pupilas verticales de la bestia acechándolo desde la serrería en penumbras; la turbia atmósfera de polvo, la dolorosa soledad y el silencio cómplice, el mundo impávido a la espera del desenlace de la tragedia. La tragedia simple, como la vida misma.

Aquí está vuestra casa.

Estáis invitados a una copa de vino de Montilla-Moriles que sabe a velos de madera, o a un Rioja zafiro. Os pondré unas tapas de aceitunas moradas, verdes, unas rodajas de ibéricos embutidos puros como los recuerdos, unas cuñas de queso fresco de oveja "payoya", de manchego sudoroso y picante. Unas lonchas casi transparentes de jamón de pata negra con su tocino veteado que sabe a tiempo. Sentados juntos, alegres y pacíficos, conversando de la vida y sus azares vertiginosos.

Esta ha sido mi historia.
La de un lúdico y afortunado superviviente.

Aquí os la dejo,
escrita palabra por palabra en mi Testamento Cósmico.

Epílogo

Mi viaje comenzó con nombres de mujer: Josefa, mi madre; Carmen y Dolores, mis abuelas; Carmeli, mi tía carnal, la hermana más pequeña de mi madre, apenas unos cuantos años mayor que yo.

El primer nombre masculino es Baldomero, que fue el abuelo adorable de mi infancia, mi maestro vital, aunque puede que no corra por mis venas ni una sola gota de su sangre. Sin embargo, mi adorada hermana Carmencita asegura que todos nosotros somos sus directos descendientes. A la prueba comparativa de viejas fotos amarillentas se remite: Baldomero, mi maestro de sienes grises, mi padre casi nonagenario y yo, justo ahora mismo mirándome al espejo, somos iguales, casi el mismo ser retratado entre las páginas del tiempo.

También llevo impregnado en el alma una especie de dolor de fondo, una sombra tóxica y siniestra, José, el nombre de mi padre, un extraño sentimiento de culpa por sus borracheras apoteósicas, cuando se me acercaba en medio de los juegos infantiles dando aquellos tumbos, sus patéticas eses de borracho triste.

Nunca olvidaré el peso insoportable de todos los niños de la pandilla, mudos, inmóviles como estatuas, mirándome sin parpadear, y yo, muerto de vergüenza, sin mover un músculo, con la mirada fija en la tierra, oyendo a mi padre en sus balbuceos ininteligibles, con su mirada de ojos turbios.

Pero las aguas bautismales de aquellos nombres no fueron suficientes para esconderme de la bestia, y mi viaje acabó siendo el viaje de un hombre solo, con mi infausto equipaje a rastras, sin el bálsamo de las religiones -ya quisiera yo ese consuelo- rumiando mi culpa, como tantos seres comunes y corrientes que tuvieron que hacer su tránsito por la vida cargando con tragedias terribles, con infames equipajes heredados.

Ya lo dijo el poeta: "Caminante no hay camino, se hace camino al andar...".

A veces, con suerte, la vida de vez en cuando nos hace el regalo de la compañía. Pero la andadura debe hacerse en soledad, cada cual dentro de sí mismo.

Mi viaje es El viaje, el artículo determinado por delante, no el vulgar, el común indeterminado. Perdonadme la osadía por haber querido darle proporciones novelescas o magnitudes cósmicas, como las del cuento de Las Mil y una noches, por ejemplo.

Comprended que mi viaje es único, irrepetible, absolutamente definido por mi historia y mis circunstancias.

Al fin y al cabo es mi vida, mía solo, de nadie más. Y aunque jamás pueda haber otro como el de Odiseo, no puedo dejar de observar infinitas semejanzas, las mismas que tendría el tuyo, el viaje de tu vida, si te pararas a escribirlo.

Odiseo somos todos los seres humanos sobre la tierra.

He sido honesto y sincero para contarlo, sin guardarme nada. Todo lo he sacado a la luz para conjurar el miedo que me acompaña desde niño. He nombrado una y otra vez a mis espíritus para que se me vayan de lo más hondo del alma, donde los he llevado toda la vida llenándome de horrores nocturnos y diarias ponzoñas, infectándome la enfermedad de las religiones, sus culpas y pecados.

He sido humano y griego y colono y viajero de nuestro Mare Nostrum, todo junto y a la vez, hasta los huesos.

Perdonadme entonces que os haya mentido, y traicionado, y vendido por treinta monedas, como Judas Iscariote.

Debéis entender que, antes que a nadie, me traicioné a mí mismo cuando dejé abandonado a ese niño que me mira todas las mañanas desde el otro lado del espejo.

No tengo hechura de Aquiles. Me falta valor para hazaña semejante de vivir y me sobra, muy al contrario, mucha tragedia griega por haberme sentado a mirar las noches estrelladas sin filtros ni filosofías, directamente al vacío infinito de sus ojos.

Me he expuesto a vivir a la intemperie de la vida -como toda criatura- y he pagado sus consecuencias en esta forma tan particular de dulce tristeza, de luminoso pesimismo, de alegre melancolía, esta dualidad de luces y de sombras que me habita.

He sido un ser de veranos exuberantes bailando alrededor de las hogueras nocturnas. Pinté mi cuerpo de tizne, de sudor y de polvo. Me emborraché de luna llena. Entré en éxtasis, como un derviche giróvago.

Pero he vuelto, una y otra vez, a la pérdida hermosa y agridulce que simboliza la caída de las hojas del otoño: la huida de otro verano que se nos fue y que ya no volverá nunca. Este es el yin y el yang taoísta mío, de nuestra cosecha mediterránea.

Ya se va acercando mi postrero trayecto, la última estación de mi viaje.

La estación término que no puede ser otra que aquella isla, Ítaca, la etapa final de todos los seres creados, humanos o ficticios.

Ítaca, el nombre de los nombres, el sueño de los sueños, el sentido último de todos los sinsentidos.

En sus playas ariscas y solitarias sueño arribar un día con ella, mi compañera, mi esposa, Nicoleta, en nuestro naufragio final ineludible, desnudos y orgullosos, felices y sonrientes, como niños.

Llevaremos por todo equipaje la piel bien curtida de golpes y arañazos, de desgarros y heridas, con el alma tatuada entera, hasta el último poro, de cicatrices como misteriosos jeroglíficos.

¡Desnudos, qué hermosas pinturas rupestres vivas y andantes seremos paseando por los mercados!

Dos seres en paz con el mundo, dos seres lúdicos, espléndidos, satisfechos y llenos de bondad, alegres y exuberantes.

Mi mirada atrás, por tantos rumbos perdidos, por tantos naufragios en aquellas islas de fatuas sirenas, será sólo una humilde y clara sonrisa de bienaventuranza, de radiante gratitud en los ojos.
Entonces todo habrá quedado dicho y hecho, y el círculo cerrado.

De la mano seguiremos nuestro camino interior, el postrero y definitivo, hasta el Ágora.

Allí, junto a la fuente de aguas eternas, todos nos estarán esperando: Odiseo y Aquiles - toda la mítica Hélade- junto a Homero; Don Quijote, Sancho Panza, Dulcinea del Toboso, Rocinante, los molinos de viento y la Ínsula Barataria, sentados en animada tertulia con Cervantes; Shakespeare y Hamlet, Otelo y Desdémona; Juan Rulfo con Pedro Páramo y todos sus hijos hablando con los muertos en su llano en llamas; Aureliano Buendía con sus peces de caramelo y Úrsula Iguarán con su maldición a cuestas, conversando con Gabriel García Márquez en el corredor de las plantas de la casa cósmica de Macondo.

Y tantos otros habrá. Poned cada uno los nombres que queráis, cada libro que os llevaréis a esta isla, porque estarán todos los seres que desde el principio de los tiempos, reales o ficticios -viene a ser igual-, han vivido sobre la faz de la tierra.

Todos estaremos sonrientes, felices, iluminados con el cuento de la gloria y las tragedias, de las historias novelescas y humanas, como inmortales dioses del Olimpo.

Allí os estaré esperando.

Hasta entonces, brindo alzando mi copa de un vino rojo rubí, el mejor Gran Reserva Terrestre: por todos nosotros, mujeres y hombres, abuelos, muchachas y niños; animales, minerales y plantas; virus, bacterias y hongos; desde las cordilleras hasta la última pincelada de cal de los fósiles; desde las mareas lunares hasta el grano de sílice de las doradas bahías; por el tiempo y el espacio, por la tenue membrana de la atmósfera, por el agua primordial, por el amor, por la vida, por esta sagrada Tierra que nos ha tocado en suerte por puro azar inmerecido.

Permitidme un último y humilde consejo antes de dejaros:
aprovechadla bien, y aprended a cuidarla, que no hay otra,
aunque mucho me temo que ya es tarde.

Posdata:
Pido perdón por La Tierra devastada y moribunda que dejo en mi testamento para las inocentes generaciones venideras.

Agradecimientos

Es difícil escribir en el espacio de una página mi infinito agradecimiento. Pero lo intentaré.

En primer lugar, a todas las mujeres a cuya existencia debo la mía en el sentido más literal de la palabra: sobre todas las mujeres, a mi madre Josefa. A mis abuelas Carmen y Dolores, a mis tías, a mis muchachas lindas.

A mi abuelo Baldomero, mi maestro vital.

A mi amado hijo Rubén, ejemplo de lucha incansable contra el azar caprichoso que le ha tocado en herencia, sus propios fantasmas, y mi ausencia dolorosa.

A mis hermanos irrepetibles: Manuel, Juan Carlos, Lola, Carmen y Javier, que compartieron mi casa terrestre, cada uno con sus propias cuentas familiares pendientes.

A la hija que no tuve y la vida me regaló, mi bellísima Andrea de ojos celestes, casi transparentes, como los océanos.

Los mismos ojos de su madre, Nicoleta, tan hondos que enamoran y atraen como los abismos. Para ella, mi amada esposa, mi más tierna y admirada gratitud, porque gracias al regalo cotidiano de sus poemas dulces pude soportar la hiel terrible, el amargor insoportable de mis poemas de sombras. Ella será la luz de mis días hasta que me muera.

Mi especial agradecimiento a dos mujeres ineludibles.

A mi amiga del alma, Gloria, a cuya insistencia y tesón le debo la fuerza necesaria para no haberme rendido nunca y llegar intacto hasta este mismo instante.

A mi más inesperado encuentro, esa urdimbre misteriosa de los hilos invisibles que la vida va tejiendo a nuestro alrededor, una de esas caUsalidades mágicas que me ha traído hasta Sole Raya, esa poetisa maravillosa —mujer tenía que ser, otra más— que siento como mi alma gemela, a cuyo trabajo indescriptible le deberé para siempre que estas letras salgan de las sombras y mi caos, por fin, vea la luz, se haga orden, Cosmos.

Por último, mi agradecimiento a mi amigo del alma Antonio León Lillo, a mis amigos de juventud, a todos aquellos que me quieran y a los que también me aborrezcan. Todos sois parientes míos, parte de la inmensa familia de mis primos hermanos terrestres.

INDICE

Prólogo
Declaración de intenciones
El comienzo
Nuestra historia
El poema
La amistad
Aquella Córdoba
Ahora
Juventud
Nombre y apellidos
Vengo
El vacío
Un brindis por los amores efímeros
El cortijo y la bruja
A veces
La silla
La silla del abuelo
El hogar y el amor
El mandadero
Alegoría I
Alegoría II
El sueño
Tardes de domingo
Mi humilde homenaje a Rafael Ceballos
Para Rafael Ceballos, mi entrañable amigo
La herencia
Las misas inocentes
La foto
El niño
Mi casa Terrestre
La vida
Aún guardo
Tu confesión
Enamorarse

La vida que vivimos
La realidad
Mis milagros cotidianos
Mi testamento Cómico
El viaje
Las mujeres y el Eros
Octubre de algodón. Mujeres con pañuelos blancos y sombreros de paja
Las mujeres y las tardes de verano
La muchacha y las siestas
El monstruo
Resumiendo
Nómadas
Pequeños apuntes
Cada día
Digo tu nombre
Mi muerte
Esta noche
Mi primera escuela
Mi abuelo
Soy
Vivir en la Tierra
Sueños de amor
El amor
Yo
Arenga en femenino plural
La lección aprendida
Posdata vital
Sesenta y tres años
Alzheimer
El jurado
Escuela de adultos
Manual de instrucciones
La primera vez
Mi despedida
Epílogo
Agradecimientos